O Peregrino

CB044561

Publicações
Pão Diário

O Peregrino

de

JOHN BUNYAN

Com atualizações de Judith E. Markham
e notas de Warren W. Wiersbe

THE NEW PRILGRIM'S PROGRESS
Text © 1989 by Discovery House Publishers. All rights reserved.
Revised notes © 1989 by Warren W. Wiersbe.
The annotations were previously published in another form under the tittle
The Annotated Pilgrim's Progress by Moody Press, © 1980 by The Moody Bible Institute.
Published by special arrangement with Discovery House Publishers,
3000 Kraft Avenue SE, Grand Rapids, Michigan 49512 USA.
All rights reserved.

Coordenação editorial: Rita Rosário
Tradução: Wilson Ferraz de Almeida
Revisão: Rita Rosário, Lozane Winter
Projeto gráfico e capa: Audrey Novac Ribeiro

Dados Internacionais de Catalogação na Publicação (CIP)

Bunyan, John.
O Peregrino, John Bunyan, com atualizações de Judith E. Markham e notas de Warren W. Wiersbe. Tradução: Wilson Ferraz de Almeida
Curitiba/PR, Publicações Pão Diário.

Título original: *The New Pilgrim's Progress*

1. Fé   2. Salvação   3. Perdão   4. Perseverança

Proibida a reprodução total ou parcial, sem prévia autorização, por escrito, da editora.

Todos os direitos reservados e protegidos pela Lei 9.610, de 19/02/1998.

Exceto quando indicado no texto, os trechos bíblicos mencionados são da edição Revista e Atualizada de João Ferreira de Almeida © 2009 Sociedade Bíblica do Brasil.

Publicações Pão Diário
Caixa Postal 4190,
82501-970 Curitiba/PR, Brasil
publicacoes@paodiario.org
www.publicacoespaodiario.com.br
Telefone: (41) 3257-4028

Código: S0341
ISBN: 978-65-87506-14-2

1.ª edição: 2020

Impresso no Brasil

SUMÁRIO

Introdução 7
Capítulos 1 a 9 e anotações............................ 9
A conclusão 206
A apologia do autor ao seu livro................ 207
A vida e a época de John Bunyan............... 218
Os puritanos.. 223

INTRODUÇÃO

DESDE SUA PRIMEIRA PUBLICAÇÃO, *em 1678,* O Peregrino *é uma inspiração para todos os leitores. Esta obra magnífica é um clássico e sempre o será. Mas, com o passar dos séculos, os leitores de John Bunyan se transformaram. Muitos que gostam de sua obra lutam com alguns termos, símbolos e alusões com roupagem arcaica. Os primeiros leitores de Bunyan eram mais familiarizados com os ensinamentos bíblicos do que a média de leitores de hoje e alguns dados sobre a vida pessoal do autor eram melhor compreendidos por eles do que por nós.*

Sugiro que, enquanto ler este livro, tenha em mãos a Bíblia, versão João Ferreira de Almeida (SBB), edição revista e atualizada. Quando Bunyan cita um verso ou frase, parágrafos ou faz alusão a alguma passagem das Escrituras, faço a referência e, se necessário, dou uma explicação para ajudar o leitor a entender o que o autor quis dizer.

Existem muitas referências sobre a experiência cristã pessoal do autor, assim como circunstâncias políticas e religiosas de sua época. Indiquei estes momentos nos locais apropriados, sessões introdutórias ou nas notas.

A obra original não possui capítulos ou outras divisões. Com o intuito de facilitar a leitura, dividimos em capítulos para dar ao leitor um momento de pausa ou para apresentar material de informações complementares para melhor compreensão do texto.

Ao final dessas páginas você encontrará o poema "A apologia do autor ao seu livro", com o qual o autor começou a obra originalmente, e que foi usado para explicar o motivo de ter se utilizado da alegoria. Também acrescentamos os capítulos "A vida e a época de John Bunyan" e "Os puritanos", que definem esta obra no contexto histórico e cultural adequados.

É possível ler O Peregrino *e ser beneficiado pela obra sem ter conhecimento prévio do autor ou das circunstâncias históricas de sua vida.*

Conhecer estes fatos extras acrescentará um grande significado ao que foi escrito.

Se você nunca leu esta obra clássica, sugerimos que aprecie a leitura completa e não use as notas de rodapé, a não ser que seja para compreender melhor o texto. Em seguida, depois do término da primeira leitura, releia o livro, desta vez, use as notas de rodapé e a sua Bíblia. Não tenha pressa, leia cuidadosamente e analise o texto e as Escrituras. Descubra também novas verdades que tornarão a Bíblia e esta obra clássica, novos livros para você.

Se você não é um "peregrino", tenho certeza de que este livro o ajudará a tornar-se um deles. Se está nesta peregrinação para a Glória, espero que este livro torne o seu caminho mais brilhante e vitorioso.

CAPÍTULO 1

O PEREGRINO COMEÇA *no deserto e termina na travessia do rio, um paralelo com a história do povo de Israel. Os israelitas peregrinaram pelo deserto durante 40 anos, depois atravessaram o rio Jordão para entrar na Terra Prometida.*

No primeiro parágrafo, Bunyan diz que o narrador (ele mesmo) foi jogado em uma caverna. Esta é uma referência à prisão Bedford onde Bunyan ficou preso por vários meses em 1675. Foi nessa época que ele escreveu O Peregrino.

O personagem central desta obra é Cristão, que significa "pertencente a Cristo, seguidor ou pequeno Cristo". Antes de iniciar a peregrinação até a Cidade Celestial, seu nome é Privado-da-Graça. Graça é uma dádiva dada por Deus aos pecadores que não o merecem e Cristão não possui essa graça.

Cristão iniciará sua viagem da Cidade da Destruição até os portões do Céu. Bunyan apresenta previamente uma descrição da Cidade Celestial por vários motivos. As glórias do Céu são um incentivo para que Cristão continue sua difícil jornada e convide outras pessoas para compartilhar a peregrinação com ele. Estas glórias também ajudam Cristão a encarar os desafios do caminho porque a glória vindoura mais do que compensa os sofrimentos (Romanos 8:18; 2 Coríntios 4:16-18; 1 Pedro 5:10). Para Cristão, a expectativa do Céu é o que o impulsiona a ter uma vida piedosa e de serviço sacrifical.

Por isso, vamos iniciar a jornada com O Peregrino *de Bunyan.*

Enquanto atravessava o deserto deste mundo, aproximei-me de um certo lugar onde havia uma caverna, deitei-me naquele local para dormir e tive um sonho. Em meu sonho vi um homem vestido de trapos com o rosto virado para sua casa; segurava um livro na mão e um grande fardo nas costas.[1] Eu vi o homem abrir o livro e ler; enquanto lia,[2] chorou, tremeu e clamou tristemente: "O que devo fazer?"[3]

Nesta condição perturbadora, o homem voltou para casa, determinado a não contar seus sentimentos para a família, pois não queria que eles vissem sua angústia; mas ele não poderia ficar em silêncio por muito tempo, pois estava em profunda confusão. Finalmente, contou à esposa e aos filhos o que estava em sua mente: "Minha querida esposa e filhos", disse, "Estou muito preocupado com esse fardo que levo sobre meus ombros. Além disso, fui informado que nossa cidade será destruída por fogo vindo do Céu; e nesta terrível destruição, eu e vocês, minha esposa e meus queridos filhos, devemos perecer, a menos que consigamos encontrar algum modo de escapar ou nos libertarmos. E, neste momento, não vejo solução."[4]

A família ficou impressionada com suas palavras. Não porque acreditava no que ele havia dito, mas porque pensaram que estivesse com problemas mentais. A noite já se aproximava e esperavam que o sono pudesse ordenar seus pensamentos. Por isso, o colocaram na cama o mais rápido que puderam. Mas, a noite foi tão perturbadora para ele quanto o dia; em vez de dormir, ele permaneceu acordado, chorando

---

1. Seu senso de pecado. Após conversar com o Grande Sábio, sentiu o grande fardo da leitura do livro. Ao revelar nossos pecados, a Bíblia aumenta o fardo. Os puritanos chamam isso de convicção. Como um funileiro viajante, Bunyan carregava uma bigorna de aproximadamente 25 quilos nas costas.
2. O livro é a Bíblia (Habacuque 2:2). Em sua autobiografia *Graça abundante* (Ed. Fiel, 2006) ele disse: "Se não fosse a Bíblia [...] ainda clamaria a Deus para conhecer a verdade e o caminho para o Céu e glória."
3. O clamor do pecador convicto (Atos 2:37; 16:30; Habacuque 1:2,3).
4. A cidade é chamada de "Cidade da Destruição" inspirada em Sodoma e Gomorra que foram destruídas pelo fogo (Gênesis 19:23-28). Bunyan escreveu em 1675. O grande incêndio de Londres foi em 1666.

e suspirando. Quando amanheceu, eles lhe perguntaram como se sentia e ele lhes respondeu: "Cada vez pior." E começou a falar as mesmas coisas do dia anterior. Acreditando que poderiam afastar essa loucura com atitudes rigorosas, começaram a zombar dele, a repreendê-lo e algumas vezes, a ignorá-lo. Por isto, aquele homem começou a isolar-se em seu quarto para orar a fim de que Deus se compadecesse de sua família e de sua própria desgraça. Ele também caminhava pelos bosques, algumas vezes lendo, outras orando. Por muitos dias, esta foi sua rotina.

Em meu sonho vi que, certo dia, enquanto ele caminhava pelos campos lendo o livro, ficou mais angustiado. Enquanto lia, clamou com mais fervor: "O que devo fazer para ser salvo?"

Cristão o mundo demorou a abandonar
Mas Evangelista o recebeu e com amor quis lhe mostrar
As boas-novas da Cidade Celestial
Onde receberia a salvação, afinal.

Ele olhava para todos os lados, como se quisesse fugir correndo para algum lugar, mas não sabia exatamente para onde. Então viu um homem chamado Evangelista,[5] este se aproximando perguntou: "Por que choras?"

O homem respondeu: "Senhor, este livro mostra que estou condenado a morrer, e depois disso serei julgado. E descobri que não estou disposto a morrer, nem quero ser julgado."[6]

---

5. "Evangelho" são as boas-novas de que Cristo morreu pelos pecados do mundo, foi sepultado e ressuscitou (1Coríntios 15:1-4). "Evangelista" conta as boas-novas para trazer pessoas a Cristo (Atos 21:8; Efésios 4:11). Provavelmente Bunyan estava retratando John Gifford, seu pastor, que o conduziu à salvação.
6. Hebreus 9:27; Jó 10:21,22; Ezequiel 22:14.

Evangelista retrucou: "Por que você não quer encontrar-se com a morte se a sua vida é cheia de maldade?" O homem respondeu: "Temo que este fardo sobre meus ombros seja tão pesado que me faria atravessar o túmulo e cairia direto no inferno.[7] E, senhor, não desejo ser julgado e muito menos executado; e pensar nessa hipótese me faz chorar."

Então Evangelista disse: "Se esta é a sua condição, por que continua aqui?" O homem respondeu: "Não sei para onde ir." A seguir, Evangelista lhe deu um pergaminho, no qual estava escrito: "Fuja da ira vindoura."[8]

O homem leu a mensagem e olhando cuidadosamente para Evangelista, perguntou: "Para onde vou?" Evangelista apontou para um campo bem amplo e disse: "Você consegue ver aquele portão estreito?"[9] O homem respondeu que não. Evangelista continuou: "Você enxerga aquela luz?"[10] O homem disse: "Acho que sim." Evangelista aconselhou: "Mantenha o olhar naquela luz e caminhe em sua direção, assim, você conseguirá ver o portão. Bata e você receberá as instruções sobre o que deverá fazer."

Então, em meu sonho, vi o homem começar a correr. Ele ainda não estava longe de casa quando a esposa e os filhos o viram e começaram a pedir que voltasse[11]; mas ele tapou os ouvidos e correu gritando:

---

7. Bunyan usou o termo Tofete, uma palavra do Antigo Testamento para inferno (Isaías 30:33). Tofete era uma área fora de Jerusalém onde alguns reis pagãos praticavam a idolatria (Jeremias 7:31). A palavra provavelmente vem do termo aramaico que significa "queimar".
8. Outra ilustração bíblica. Quando jovem, à procura da salvação, Bunyan estava sob constante medo do julgamento (Mateus 3:7).
9. Uma pequena porta em uma trilha que leva a um campo ou uma estrada. Em Paraíso perdido, Milton chama o portão do Céu de "Portinhola do Céu" (publicado em 1667). O texto de Mateus 7:13,14 refere-se à porta "estreita"; "estreito" significa "restrito".
10. Evangelista aponta para longe de si mesmo e usa a Palavra de Deus para guiar o pecador sobrecarregado. A Palavra de Deus é "uma luz que brilha em lugar escuro" (2 Pedro 1:19; Salmo 119:105). Se as pessoas seguirem a luz que Deus oferece, Ele as levará à salvação.
11. Nosso desejo por Deus e pela salvação deve ser tão grande que até os laços terrestres mais estreitos não nos impedirão de alcançá-los (Lucas 14:26).

"Vida! Vida! Vida eterna!"[12] Ele não olhou para trás enquanto dirigia-se ao meio da planície.[13]

Os vizinhos também saíram para vê-lo correr; alguns o ridicularizaram, outros o ameaçaram e outros pediram que voltasse. Entre aqueles que falaram para voltar estavam dois homens que tentaram buscá-lo à força. O nome de um era Obstinado e do outro Flexível.[14]

O homem abriu uma boa vantagem de distância deles; mas estes decidiram persegui-lo e conseguiram alcançá-lo. Então o homem perguntou: "Vizinhos, por que vieram?" Eles responderam: "Para persuadi-lo a retornar conosco." Mas ele contestou: "Não podem fazer isso. Vocês moram na Cidade da Destruição, cidade em que nasci. Se lá morrerem, cedo ou tarde, serão enterrados em um local mais profundo que a tumba, onde se queima com fogo e enxofre.[15] Animem-se, bons vizinhos, acompanhem-me nessa jornada."

OBSTINADO: O quê! E deixar nossos amigos e nossa vida confortável?

"Sim", disse Cristão (esse era o nome do homem),[16] "porque TUDO que abandonarem não é digno de ser comparado ao pouco do que estou buscando; se vierem comigo e seguirem minhas ações, há abundância no lugar para onde vou.[17] Venham comigo e comprovem que falo a verdade."

---

12. Esta é a vida de Deus compartilhada com aqueles que confiam em Cristo (João 3:16).
13. A esposa de Ló olhou para trás e foi julgada (Gênesis 19:17,26). "O meio da planície" conecta esta cena com a destruição de Sodoma e Gomorra.
14. Quando o pecador começa a buscar por salvação, amigos com boas intenções tentam persuadi-lo a abandonar a jornada. "Eles estão destinados à ira vindoura, são um vislumbre do mundo", Bunyan disse. Ver Jeremias 20:10.
15. Isso destruiu Sodoma e Gomorra. Também descreve o inferno (Apocalipse 21:8).
16. A palavra "cristão" é usada somente três vezes no Novo Testamento: Atos 11:26; 26:28; 1 Pedro 4:16. O próprio Bunyan não aprovava rótulos denominacionais. Ele escreveu: "Eu lhe digo que seria, e espero ser um cristão, e escolher, se Deus achar que sou merecedor, ser chamado de cristão, crente ou outro nome que seja aprovado pelo Espírito Santo."
17. Foi o que o Filho Pródigo disse quando voltou à razão (Lucas 15:17). Deus tem muito mais a oferecer do que o mundo (ver 2 Coríntios 4:18).

OBSTINADO: O que é que você procura, que exige abandonar o mundo para se encontrar?[18]

CRISTÃO: Procuro uma herança que nunca pereça, estrague ou desapareça. Uma herança que está guardada no Céu a ser outorgada no tempo determinado àqueles que a buscam diligentemente. Leia sobre isso em meu livro.[19]

OBSTINADO: Que bobagem! Não me importo com seu livro.[20] Você voltará conosco ou não?

CRISTÃO: Não, não irei, já coloquei minha mão no arado.[21]

OBSTINADO: Então, irmão Flexível, voltemos para casa sem ele. Homens tolos assim são tão presunçosos que acreditam ter mais discernimento do que sete homens que podem dar boas razões porque estão errados.[22]

FLEXÍVEL: Não seja grosseiro. Se o que o bom Cristão diz sobre as coisas que ele procura for verdade, talvez eu decida ir com ele.

OBSTINADO: O quê? Outro tolo! Escute meu conselho e volte comigo. Nunca se sabe onde esse maluco o levará. Seja sábio e volte para casa.

CRISTÃO: Não, acompanhe-me, Flexível.[23] As coisas que lhe falei estão esperando, e outras tantas coisas maravilhosas. Se não crê no que digo, leia neste livro; e a verdade dita será confirmada pelo sangue daquele que o escreveu.[24]

---

18. Mateus 16:26.
19. 1 Pedro 1:4-6; Hebreus 11:6,16.
20. Obstinado tem a mente feita; não o confunda com fatos (1 Coríntios 2:14).
21. Lucas 9:62.
22. Provérbios 26:16.
23. Alguns pecadores devem lutar para decidir-se por Cristo.
24. A Lei do Antigo Testamento foi selada pelo sangue de sacrifícios; a Nova Aliança da Graça foi selada pelo sangue de Cristo (Hebreus 9:17-22; 13:20,21).

FLEXÍVEL: Bem, vizinho Obstinado, acompanharei esse bom homem e buscarei minha sorte; mas, meu bom companheiro, você sabe o caminho para este lugar desejado?[25]

CRISTÃO: Encontrei um homem, chamado Evangelista, que instruiu-me a chegar àquele portão estreito que está a nossa frente, onde receberemos as instruções sobre o caminho.

FLEXÍVEL: Vamos, bom vizinho, continuemos nossa jornada.

Flexível e Cristão continuaram seu caminho.

OBSTINADO: Quanto a mim, voltarei para casa. Não quero como companhia dois homens tolos e influenciáveis.

Vi em meu sonho que quando Obstinado partiu, Cristão e Flexível continuaram o trajeto conversando.

CRISTÃO: Vizinho Flexível, estou feliz porque você decidiu me acompanhar. Se Obstinado sentisse o que senti do poder e terror que ainda estão invisíveis, não teria dado as suas costas a nós de maneira tão rápida.

FLEXÍVEL: Venha vizinho Cristão, pois estamos só nós dois aqui neste momento, conte-me sobre onde vamos e o que desfrutaremos lá.[26]

CRISTÃO: Consigo imaginar melhor na mente do que traduzir em palavras; mas como você deseja saber, lerei para você deste meu livro.

FLEXÍVEL: E você acredita que as palavras desse seu livro são verdadeiras?

CRISTÃO: Com certeza. Esse livro foi escrito por Aquele que não pode mentir.[27]

---

25. Flexível está mais preocupado com as bênçãos no destino final do que com os passos de obediência ao longo da jornada. Ele representa as pessoas que querem desfrutar as bênçãos celestiais, mas querem alcançá-las por um caminho mais fácil.
26. Flexível recebe a Palavra com alegria, mas não memoriza, assim como uma semente em "solo raso" (Mateus 13:1-9,18-23).
27. Tito 1:2.

FLEXÍVEL: Muito bem. Conte-me mais sobre este lugar.

CRISTÃO: Existe um reino que não acabará e receberemos vida eterna para podermos habitar nesse reino para sempre.[28]

FLEXÍVEL: Muito bem. E o que mais?

CRISTÃO: Receberemos coroas de glória e vestes brilhantes como o Sol.

FLEXÍVEL: Parece um lugar aprazível. Quero saber mais.

CRISTÃO: Não haverá mais choro nem dor nesse lugar para onde estamos indo, porque o Senhor do reino enxugará toda lágrima dos nossos olhos.

FLEXÍVEL: E quem mais estará lá?

CRISTÃO: Estaremos com serafins e querubins, criaturas que encantarão nossos olhos. Também encontraremos milhares e centenas de milhares de pessoas que foram antes de nós para esse lugar. Nenhuma delas é grosseira, mas são amáveis e santas; cada uma delas caminha à vista de Deus e permanece em Sua presença para sempre. Lá veremos anciãos com suas coroas de ouro; santas virgens com suas harpas douradas; e homens e mulheres que foram esquartejados, queimados em fogueiras, devorados por feras, afogados no mar, por causa do amor que eles têm pelo Senhor desse lugar. Todos estarão bem e revestidos com imortalidade.[29]

---

28. Bunyan apresenta esta descrição da Cidade Celestial no início de seu livro por várias razões. As glórias do Céu são um incentivo para Cristão manter-se na difícil jornada e convidar outras pessoas para compartilhar a peregrinação com ele. Estas glórias também auxiliam a manter-se na perspectiva das provações que Ele encontrará ao longo do caminho, porque a glória vindoura compensará os sofrimentos (Romanos 8:18; 2 Coríntios 4:16-18; 1 Pedro 5:10). Jesus Cristo foi capaz de suportar a cruz por causa da "alegria que estava proposta" (Hebreus12:2). Para Cristão, a expectativa do Céu é motivo certo para a vida piedosa e serviço sacrifical.
29. Isaías 6:1-8; 25:8; 65:17; João 10:27-29; Mateus 13:43; 2 Timóteo 4:8; Apocalipse 3:4; 4:4; 7:16,17; 21:4; 22:5; Êxodo 25:17-22; Ezequiel 1:4-14; Hebreus 11:33,34. As "Virgens Prudentes" se referem aos 144 mil judeus dedicados descritos em Apocalipse 7:1-8; 14:1-5, e representam a pureza de vida e devoção a Deus. "Vestidos de imortalidade" se refere ao novo corpo que o cristão recebe na ressurreição e retorno de Cristo (2 Coríntios 5:2-4; João 12:25).

FLEXÍVEL: Ouvir sobre estas coisas já é suficiente para alegrar o coração de alguém. Mas como compartilharemos e desfrutaremos destas coisas?

CRISTÃO: O Senhor, o governante do país para onde vamos, escreveu as instruções neste livro. Se, sinceramente, desejarmos fazer parte deste reino, Ele nos concederá gratuitamente.[30]

FLEXÍVEL: Estou feliz ao ouvir essas coisas. Vamos nos apressar.[31]

CRISTÃO: Não consigo ir tão rápido como gostaria devido a este fardo em minhas costas.

Agora, vi em meu sonho que, assim que terminaram a conversa, chegaram a um pântano[32] muito lodoso que estava no meio da planície e como não prestaram atenção no trajeto caíram no Pântano da Desconfiança.[33] Cobertos de lama, eles debateram-se por um tempo; e Cristão, por causa do peso em suas costas, começou a afundar no lamaçal.

FLEXÍVEL: Onde você está agora, vizinho Cristão?

CRISTÃO: Na verdade, não sei.

Naquele momento, descontente e irritado Flexível disse para Cristão: "Esta é a felicidade que você me falou todo este tempo? Se estamos passando por esta provação no início da viagem, o que podemos esperar até o fim da nossa jornada? Se sair vivo deste pântano, você continuará sozinho esta viagem." E com desesperado esforço, Flexível

---

30. Deus está disposto a nos salvar se estivermos dispostos a receber Seu dom da vida eterna (João 6:37; 7:37; Apocalipse 21:6; 22:17; Isaías 55:1-8).
31. Flexível apressa-se para chegar ao Céu. Ao contrário de Cristão, ele não tem o fardo do pecado para segurá-lo. Ele representa a pessoa que nunca sentiu a convicção de pecado.
32. Havia um pântano (a palavra original usada no livro de Bunyan é charco) perto de sua terra natal, em Bedford, Inglaterra. A chuva transformava o local em pântano.
33. Flexível achou Cristão tão interessado no que está por vir que descuidou-se das coisas do presente. O fardo do Cristão o fez afundar, imaginando o desespero futuro como resultado da convicção de pecado, algo que Bunyan experimentou em grande medida.

conseguiu sair da lama pelo lado do pântano que ficava mais próximo a sua casa e Cristão não tornou a vê-lo.[34]

Cristão foi deixado sozinho debatendo-se no Pântano da Desconfiança. Embora não conseguisse sair, por causa do fardo em suas costas,[35] continuou lutando para sair pelo lado do lamaçal que ficava mais distante de sua casa e próximo ao portão estreito.

Em seguida, em meu sonho, vi um homem cujo nome era Auxílio que aproximou-se de Cristão e lhe perguntou: "O que você está fazendo aí?"

CRISTÃO: Senhor, fui orientado a ir por esta estrada por um homem chamado Evangelista, que me mostrou este caminho para chegar à porta estreita e assim me livrar da ira vindoura. Estava caminhando para esse lugar e caí por aqui.

AUXÍLIO: Mas por que você não olhou os degraus?[36]

CRISTÃO: Senti tanto medo que não prestei atenção e caí.

Auxílio então sugeriu: "Pegue a minha mão." Assim Cristão agarrou a mão de Auxílio, que o tirou da lama, colocou-o em solo firme, e o orientou a seguir seu caminho.

---

34. Flexível não tinha a verdadeira convicção para se tornar um cristão. Ele sofreu por um tempo, depois ofendeu-se quando o problema veio (Mateus 13:20,21). As pessoas que desejam a salvação para evitar tribulações sempre se desapontarão.
35. As pessoas que não sentem o fardo de seus pecados acham que é fácil escapar da condenação. O fardo do Cristão dificultou sua saída do pântano.
36. As promessas de Deus são encontradas na Palavra. Quando Cristão se encontrava no Castelo da Dúvida, é a "chave da promessa" que abre a porta e o liberta.

CAPÍTULO 2

QUANDO O PECADOR *começa a procurar a salvação, amigos bem-intencionados com frequência tentam fazê-lo desistir. Eles são Obstinado e Flexível. Eles são dois personagens opostos. Obstinado tem muita força de vontade, mas não tem visão e valores que o indiquem para o caminho certo. Flexível, por outro lado, parece ter alguma visão, mas lhe falta força de vontade para agir e continuar até o fim. Antes da conversão, o próprio Bunyan era um homem teimoso, então, provavelmente se viu nessa cena.*

Flexível só estava interessado na recompensa; não estava interessado em saber de dificuldades. Quer alcançar o Céu, mas sem nenhum compromisso contra o pecado. Ele ilustra o "solo pedregoso" na parábola do Semeador (Mateus 13:1-9). Recebe a Palavra com alegria, mas não tem raízes. Ele nunca sentiu a convicção e não quer enfrentar o fato de que a salvação envolve mais do que a recompensa celestial. Quando enfrenta o Pântano da Desconfiança, ele decide voltar atrás.

Antes de partir, Flexível pergunta: "O que podemos esperar?" O restante do livro responde essa pergunta, mas Flexível jamais experimenta o fim da jornada. Como muitas pessoas, ele inicia o trajeto com aparente fervor, mas carece de convicção interior e não consegue permanecer nessa viagem.

Flexível encontra Cristão tão interessado nas coisas do porvir que se descuida das coisas do presente. O fardo do Cristão o faz afundar-se. Aqui, o autor quer ilustrar o desespero que vem com a convicção do pecado. Algo que ele próprio experimentou.

O nome Cristão significa "pertencente a Cristo, seguidor ou pequeno Cristo". Antes de iniciar sua jornada à Santa Cidade, seu nome era Ímpio. A graça é uma dádiva divina aos pecadores indignos e Cristão sentia-se não merecedor desse favor.

Cristão recebe ajuda de Auxílio, que não é um pastor ordenado nem evangelista. Ele representa os cristãos que confortam e ajudam outros a sair do desespero. Entretanto, nota-se que Auxílio não faz todo o trabalho para Cristão. E este precisa dar-lhe sua mão. Ficar sentado sem nada fazer é a melhor maneira de continuar no desespero.

Nesta seção, chegamos ao ponto em alguns parágrafos que Bunyan usa o pronome "Eu" para identificar-se com Cristão, portanto deixando de ser um espectador.

Neste ponto, ele se encontra com Sábio-Segundo-o-Mundo, um personagem que não estava na versão original de O Peregrino; mas somos gratos porque Bunyan acrescentou este personagem, pois representa o homem moderno que não compreende as coisas espirituais. Sábio-Segundo-o--Mundo deseja tratar dos sintomas, não das causas. Seu conselho é: "Livre--se desse fardo" em vez de: "Lide com os pecados que causam o seu fardo." Ele condena Evangelista por seu conselho e condena até mesmo a Bíblia por ajudar Cristão a adquirir o seu fardo. A moralidade é a sua única solução para o problema de Cristão: obedeça a Lei de Deus e você perderá o seu fardo. Ele não compreende o significado mais profundo do pecado, e que a mera obediência externa não é garantia de mudança interior.

Então, aproximei-me de Auxílio, que havia ajudado Cristão a sair do lamaçal e perguntei: "Senhor, já que esse é o caminho da Cidade da Destruição para a porta estreita, por que não consertaram essa parte do trajeto, ajudando os humildes viajantes a seguir por esta estrada com mais segurança?"

E Auxílio me explicou: "Este pântano lamacento não pode ser reparado. Nele é onde são armazenadas a escória e a sujeira da convicção de pecado, por isso é chamado de Pântano da Desconfiança; pois, quando o pecador se torna ciente de sua condição de perdido, muitos medos, dúvidas e apreensões desencorajadoras surgem em sua alma; e todos esses sentimentos juntos se estabelecem nas profundezas deste lugar. E esta é a razão pelo mau estado deste solo.

"Não é o desejo do Rei que este local permaneça em tal estado. Por mais de mil e seiscentos anos seus trabalhadores, sob a direção dos inspetores de Sua Majestade, têm vindo trabalhar neste pedaço de chão. Sim, e para meu conhecimento", revelou Auxílio, "pelo menos vinte mil carradas — sim, milhões de saudáveis lições — foram aqui absorvidas. Aqueles que estão bem informados dizem que os melhores materiais têm sido empregados para tornar este solo uma boa terra. Mas ainda assim é o Pântano da Desconfiança e continuará sendo, a despeito de tudo o que se possa fazer por ele.[1]

"É verdade que, sob a orientação do Legislador, foram colocadas pedras que facilitam o deslocamento no meio do pântano. Mas existem momentos em que este lugar vomita sua sujeira, e dificilmente estas pedras podem ser vistas; ou se estão visíveis, os homens ficam confusos, passam por cima delas e ficam atolados apesar das pedras estarem lá. Mas, uma vez que eles alcançam o portão, o solo é bom."[2]

---

1. Deus provê um caminho certo, e nenhum homem precisa cair no Pântano da Incredulidade. Mantenha-se no caminho de Deus (Isaías 35:3,4).
2. Estes degraus são promessas divinas de perdão e aceitação quando confiamos em Cristo (1 Samuel 12:23).

A certa altura, em meu sonho vi que Flexível retornara à sua casa e seus vizinhos vieram visitá-lo; e alguns deles o chamaram de sábio por ter voltado, e outros o chamaram de louco por arriscar-se com Cristão. Outros zombaram dele por sua covardice, dizendo: "Certamente, já que começou a aventura, não deveria ter voltado por causa de algumas dificuldades. Eu não teria feito isso." Desse modo, Flexível sentou-se retraidamente entre eles. Mas, eventualmente, quando recobrou mais confiança, todos mudaram o tom e começaram a ridicularizar o pobre Cristão pelas costas. E, assim, deixamos Flexível.

Enquanto caminhava sozinho, Cristão avistou ao longe um homem vindo em sua direção até que seus caminhos se cruzaram. O nome desse cavalheiro era Sábio-Segundo-o-Mundo, que vivia em Prudência Carnal, uma grande cidade localizada perto de onde Cristão tinha vindo.[3]

Portanto, este homem conhecia Cristão, pois muito se falara sobre sua saída da Cidade da Destruição. Não somente naquele lugar onde ele tinha vivido, mas nas cidades vizinhas. Assim, Sábio-Segundo--o-Mundo chegou a algumas conclusões sobre ele.[4] Após observar a dificuldade do caminho, os suspiros e gemidos de Cristão, começou a conversar com ele.

SÁBIO-SEGUNDO-O-MUNDO: Olá, meu bom homem, para onde vai com tamanho fardo?

CRISTÃO: Realmente, é um fardo muito grande, um peso que nenhuma criatura jamais carregou! E já que me perguntou onde estou indo, respondo-lhe que vou até aquela portinhola estreita; pois me disseram que lá poderei descarregar meu pesado fardo.

SÁBIO-SEGUNDO-O-MUNDO: Você tem esposa e filhos?[5]

---

3. Leia 1 Coríntios 1:18-31 para analisar a opinião de Paulo sobre a sabedoria mundana. Essa passagem foi a inspiração de Bunyan.
4. Pessoas com sabedoria mundana acham fácil chegar às conclusões.
5. Para o homem deste mundo, abandonar a família em troca da salvação é uma decisão tola. Na segunda parte do livro, publicado em 1684, Bunyan menciona como a esposa de Cristão, Cristã e seus filhos fizeram sua jornada à Cidade Celestial.

CRISTÃO: Sim, mas este fardo me sobrecarrega a ponto de não poder apreciá-los como antes. É como se não existissem.[6]

SÁBIO-SEGUNDO-O-MUNDO: Você me dará atenção se lhe der um conselho?

CRISTÃO: Sim, se for bom, pois faz-me falta um bom conselho.

SÁBIO-SEGUNDO-O-MUNDO: Gostaria de sugerir-lhe abandonar este fardo imediatamente, pois enquanto não o fizer sua mente não ficará em paz e não poderá desfrutar dos benefícios das bênçãos que Deus tem derramado sobre você.

CRISTÃO: É isto que estou procurando: livrar-me deste pesado fardo. Mas não consigo me livrar dele, e não existe nenhum homem em nosso país que possa tirá-lo de meus ombros. Portanto, como lhe disse: estou nessa jornada para me livrar deste fardo.

SÁBIO-SEGUNDO-O-MUNDO: Quem lhe disse que seguir por este caminho o ajudaria a livrar-se de seu fardo?

CRISTÃO: Um homem que me pareceu muito nobre e honrado. Seu nome era Evangelista.

SÁBIO-SEGUNDO-O-MUNDO: Ele foi um péssimo conselheiro! Não há caminho mais perigoso e acidentado do mundo do que este que ele lhe indicou e você descobrirá isso se seguir o conselho dele.[7] Na verdade, você já o deve ter encontrado, pois vejo em você as manchas do Pântano da Desconfiança. Mas, aquele pântano é apenas o princípio dos males para aqueles que vão por esse caminho. Ouça-me! Sou mais velho do que você. Provavelmente você encontrará cansaço, dor, fome, perigo, nudez, espada, leões, dragões, trevas e, numa só palavra, morte![8] Estas coisas foram confirmadas por muitos testemunhos. Então, por que confiar sua vida, despreocupadamente, nas palavras de um completo estranho?

---

6. 1 Coríntios 7:29.
7. O homem mundano não compreende o Evangelho e não aprecia aqueles que disseminam sua mensagem.
8. 2 Coríntios 11:26,27.

CRISTÃO: Porque, senhor, este fardo sobre minhas costas é muito mais terrível para mim do que todos os males que você mencionou. Não, não me importo em sofrer estas coisas se no fim libertar-me deste fardo.

SÁBIO-SEGUNDO-O-MUNDO: Para começar, de que maneira você adquiriu este fardo?

CRISTÃO: Pela leitura deste livro em minhas mãos.

SÁBIO-SEGUNDO-O-MUNDO: Bem que imaginei! Aconteceu com você o que acontece aos homens fracos que, comprometendo-se com coisas inatingíveis para eles, repentinamente se confundem.[9] Tal confusão não apenas enerva os homens, como enervou você, mas os envia para caminhos desesperados à procura do que nem eles sabem.

CRISTÃO: Mas eu sei o que procuro: aliviar-me deste pesado fardo.

SÁBIO-SEGUNDO-O-MUNDO: Mas por que procura alívio neste caminho perigoso? Desde que tenha paciência para me ouvir, posso direcioná-lo ao que deseja sem os perigos deste caminho pelo qual você está seguindo. Sim, a solução está ao alcance, e não envolve tais perigos. Em vez disso, você encontrará muita segurança, amizade e satisfação.

CRISTÃO: Imploro, senhor, conte-me este segredo.

SÁBIO-SEGUNDO-O-MUNDO: Preste atenção. Naquela aldeia próxima, chamada Moralidade, existe um homem sensato e honrado. Seu nome é Legalidade. Ele tem a habilidade de ajudar os homens a livrar-se de fardos como o seu.[10] Pelo que sei, ele tem feito muita coisa boa neste sentido e tem habilidade para curar aqueles que estão de

---

9. O Sábio-Segundo-o-Mundo sugere que o desejo de ler e entender a Bíblia é uma evidência de orgulho. Isso, naturalmente era a atitude daqueles que julgavam Bunyan quando ele tentou pregar ilegalmente. Eles não podiam compreender como um funileiro inexperiente poderia entender a Bíblia e pregá-la para outros. Veja Salmo 131:1

10. No início de sua vida cristã, Bunyan passou por um período de legalismo intenso, durante o qual pensou que poderia ser salvo pela moralidade. Ele escreveu em *Graça abundante* (Ed. Fiel, 2006): "Portanto caí na armadilha de algumas reformas exteriores, em minhas palavras e vida, colocando os mandamentos diante de mim para minha ida ao Céu, os quais me esforçava para cumprir [...]. Continuei com essa

alguma forma perturbados com seus fardos. Você pode procurá-lo e pedir sua ajuda. A casa dele não está muito distante daqui e se ele não estiver em casa, seu jovem e atraente filho, Civilidade, poderá ajudá-lo tão bem quanto o seu experiente pai.

Em Moralidade você sentirá alívio do seu fardo. E se você não quiser voltar para sua antiga habitação o que, na verdade, eu não gostaria que voltasse, poderá buscar sua esposa e filhos para juntar-se a você nesta vila, onde há casas disponíveis a preços razoáveis. Tudo o que precisa para ter uma vida feliz será providenciado lá e você viverá entre vizinhos honestos.[11] Cristão ficou paralisado por um momento; mas logo concluiu que se esse cavalheiro dizia a verdade, seria sábio dar ouvidos ao seu conselho.

CRISTÃO: Senhor, qual o caminho para a casa desse homem honesto?

SÁBIO-SEGUNDO-O-MUNDO: Consegue ver aquela montanha?[12]

CRISTÃO: Sim, vejo-a claramente.

SÁBIO-SEGUNDO-O-MUNDO: Passe aquela montanha e a primeira casa que encontrar é a dele.

Cristão desviou-se do caminho em direção à casa de Legalidade à procura de ajuda. Mas ao aproximar-se da montanha achou-a tão alta e íngreme que ficou com medo de seguir adiante e ela despencar sobre sua cabeça. Ficou ali parado sem saber o que fazer. Além do mais, o fardo lhe parecia mais pesado do que antes. De repente, raios de fogo

---

rotina por cerca de um ano. Todos os vizinhos me consideravam um homem muito piedoso, transformado e religioso, e se admiravam muito ao ver a grande mudança na minha vida e em meus costumes."

11. Não existe preço que pague a moralidade mundana. Mas conformidade externa às leis não transforma o coração.
12. Este é o Monte Sinai, onde Deus deu a Lei a Moisés (Êxodo 19:16-25; Hebreus 12:21). Esta é a primeira de várias colinas que Cristão encontrará: o Desfiladeiro da Dificuldade, a Colina do Erro, o Monte da Precaução, a pequena Colina da Ganância, a alta Colina Brilhante e a Cidade Santa situada numa montanha alta.

surgiam da montanha e Cristão ficou com medo de se queimar.[13] Ele começou a suar e tremer de medo.

Quando os cristãos aos homens carnais ouvidos dão,
Saem do seu caminho e alto preço pagarão:
O Sábio-Segundo-o-Mundo pode apenas mostrar
Ao santo o caminho da escravidão e consternação.[14]

Cristão começou a arrepender-se por ter aceitado o conselho de Sábio-Segundo-o-Mundo. Nesse momento, viu Evangelista vir à sua direção e sentiu o rosto enrubescer de vergonha. Evangelista aproximou-se de Cristão, com expressão severa e amedrontadora, e em seguida, começou a discutir com Cristão.

EVANGELISTA: Que está fazendo aqui, Cristão?

Cristão não sabia o que dizer, e permaneceu sem palavras diante dele.[15]

EVANGELISTA: Você não é aquele que encontrei chorando fora dos muros da Cidade da Destruição?

CRISTÃO: Sim, caro senhor, sou este homem.

EVANGELISTA: Eu não mostrei a você o caminho até a portinhola?

CRISTÃO: Sim, caro senhor.

EVANGELISTA: Como, então, mudou tão rapidamente o rumo? Agora está no caminho errado.[16]

---

13. O fardo do cristão tornou-se mais pesado porque a Lei não remove o pecado, só torna pior o nosso sentimento de culpa. Os puritanos se concentravam muito na Lei para conduzir os pecadores à convicção e arrependimento.
14. Carnal significa "da carne". É uma palavra do Novo Testamento que descreve a velha natureza do pecador. O Sr. Sábio-Segundo-o-Mundo era um homem carnal. Ele pensava como um homem comum, não como um cristão.
15. 1 Reis 19:9, quando Elias ouviu a mesma pergunta. Cristão age contra a vontade de Deus e, ao ser flagrado, fica sem resposta. O que poderia dizer? Veja Mateus 22:12 e Romanos 3:19.
16. Gálatas 1:6. A carta de Gálatas foi escrita por Paulo. Ele refutou a ideia de que os pecadores são salvos por guardar a Lei de Moisés. Evangelista também está se referindo a Êxodo 32:8, em que Deus falou a Moisés, quando Israel, devido à sua ausência, fez um ídolo e o adorou. A Lei não tornou Israel obediente!

CRISTÃO: Assim que saí do Pântano da Desconfiança encontrei um homem gentil que me persuadiu que naquela aldeia à frente havia um homem que poderia retirar o meu fardo.

EVANGELISTA: Quem era?

CRISTÃO: Ele parecia um cavalheiro gentil. Conversamos bastante e ele me fez finalmente ceder, e então vim aqui. Mas quando me aproximei da montanha e notei que ela parecia desabar sobre o caminho, parei repentinamente, para que não caísse em minha cabeça.

EVANGELISTA: O que ele lhe disse?

CRISTÃO: Perguntou-me a razão de estar seguindo naquela direção, e eu lhe respondi.

EVANGELISTA: E como ele reagiu?

CRISTÃO: Perguntou se eu tinha uma família. Respondi-lhe que sim, mas também lhe disse que estava tão sobrecarregado com meu fardo em minhas costas e que isso me impedia de regozijar-me com eles como no passado.

EVANGELISTA: E o que ele lhe disse?[17]

CRISTÃO: Ele sugeriu que me livrasse do meu fardo rapidamente, e lhe respondi que queria livrar-me dele e que estava indo para a porta estreita a fim de receber instruções complementares sobre como poderia chegar ao local da libertação. Então, ele disse que me indicaria um caminho melhor, mais curto e menos acidentado do que aquele que o senhor havia me mostrado. Ele me direcionaria a um cavalheiro que tinha atributos para tirar estes fardos e acreditei nele.[18] Mas quando me aproximei deste lugar e vi como as coisas eram, parei porque tive medo e era perigoso. Agora, não sei o que fazer.

---

17. Ao contrário do que o Sr. Sábio-Segundo-o-Mundo disse, a salvação não é rápida e fácil. Os puritanos falavam de "obra no coração", o profundo trabalho de Deus no coração para trazer o pecador à luz. A salvação é instantânea, mas a preparação leva tempo.
18. Cristão tinha fé, mas não em Cristo. A fé só é boa quando há uma finalidade. A fé na religião segundo a sabedoria mundana não pode salvar o pecador.

Então, Evangelista disse: "...espera que te farei saber a palavra de Deus."[19]

Com muito medo, Cristão permaneceu no local.

Evangelista continuou, citando um texto bíblico: "Tende cuidado, não recuseis ao que fala. Pois, se não escaparam aqueles que recusaram ouvir quem, divinamente, os advertia sobre a terra, muito menos nós, os que nos desviamos daquele que dos Céus nos adverte."[20] Além disso, Deus fala: "...todavia, o meu justo viverá pela fé; e: Se retroceder, nele não se compraz a minha alma."[21] Você é um homem que vive esse sofrimento. Iniciou rejeitando o conselho do Altíssimo e abandonou o caminho da paz, quase chegando ao ponto de perdição.[22]

Em seguida, Cristão prostrou-se aos pés de Evangelista clamando: "...ai de mim! Estou perdido!"[23]

Ao ver isso, Evangelista tomou sua mão direita, dizendo-lhe: "...todo pecado e blasfêmias serão perdoados aos homens". Não seja incrédulo, mas creia.[24]

Cristão se recuperou e se levantou ainda temeroso e envergonhado, e Evangelista continuou falando.

EVANGELISTA: Leve a sério as coisas que lhe contarei, pois agora vou mostrar-lhe quem o iludiu e para quem ele o estava conduzindo. O homem que você conheceu chama-se Sábio-Segundo-o-Mundo. Seu nome é muito apropriado; em parte porque ele gosta somente da

---

19. 1 Samuel 9:27.
20. Hebreus 12:25.
21. Bunyan está citando Hebreus 10:38. Esta afirmação é encontrada originalmente em Habacuque 2:4 e também é citada em Romanos 1:17 e Gálatas 3:11. É um conceito importante na Bíblia, que o homem é justificado (declarado justo por Deus) pela fé em Cristo e não pela obediência às leis. Esta era a doutrina fundamental da teologia puritana.
22. Esta é uma referência a 2 Samuel 12:7, em que o profeta Natã, usado por Deus, enfrentou o rei Davi e seus pecados. Ao ouvir o Sábio-Segundo-o-Mundo, Cristão rejeitou o conselho de Deus dado a ele pelo fiel Evangelista (Lucas 7:30; Salmo 1:1). A "Perdição" (julgamento) refere-se a Hebreus 10:38,39.
23. A resposta de Isaías à visão de Deus (Isaías 6:1-8).
24. Mateus 12:31; João 20:27.

doutrina deste mundo, motivo pelo qual ele vai à igreja da cidade de Moralidade, e em parte porque ele ama mais aquela doutrina, pois ela o poupa da cruz. E por ter natureza carnal, procura perverter meus caminhos, apesar de serem corretos. Existem três pontos no conselho desse homem que você deve absolutamente abominar.[25]

Primeiro, ele o desviou do caminho; segundo, tentou tornar a cruz abominável a você; e em terceiro, conduziu-o na vereda que leva à morte.[26]

Você deve primeiramente abominar que ele o fez desviar do caminho — sim, e o fato de concordar em agir assim — porque fazer isto é rejeitar o conselho de Deus pelo conselho do Sábio-Segundo-o--Mundo. O Senhor diz: "Esforçai-vos por entrar pela porta estreita," a porta para qual eu te enviei, "...porque estreita é a porta, e apertado, o caminho que conduz para vida, e são poucos os que acertam com ele."[27] Este homem perverso o desviou da sua peregrinação para a portinhola, e fazendo isso quase o levou à destruição. Despreze portanto sua má influência ao tirá-lo do caminho e abomine-se por escutá-lo.

Em seguida, você deve abominar suas tentativas de tornar-lhe a cruz repugnante, pois você deve desejá-la mais do que o tesouro do Egito. Ademais, o Rei da Glória disse que "quem quiser salvar a sua vida, perdê-la-á" e aquele que vai a Ele e "não aborrece a seu pai, e mãe, e mulher, e filhos, e irmãos e irmãs, e ainda a sua própria vida,

---

25. Hebreus 2:1; 1 João 4:5; Gálatas 6:12; 1:7. Os falsos mestres que Paulo descreve ensinaram que uma pessoa se torna um cristão pela fé em Cristo e pela observância das Leis de Moisés. A circuncisão era o "sinal do pacto", uma prova de que uma pessoa estava comprometida com a obediência à Lei. Estes professores guardavam a Lei, para que pudessem evitar a perseguição dos judeus. Mas não há salvação fora da cruz. Moralidade evita a cruz e se apega a lei. Misturar a Lei e o evangelho perverte a verdade.
26. Outro nome para a Lei (2 Coríntios 3:1-9). A Lei jamais pode conceder vida, ela pode apenar revelar o pecado, mas não removê-lo.
27. Lucas 13:24; Mateus 7:13-14.

não pode ser meu discípulo."[28] Portanto, você deve abominar qualquer doutrina que possa persuadi-lo de que esta verdade, sem a qual você não pode ter a vida eterna, será a sua morte.

Por último, você deve abominar a quem o induziu a tomar o caminho que leva à morte. E neste sentido você deve considerar aquele a quem ele o enviou, e quão incapaz essa pessoa era de livrá-lo do seu fardo.

Você foi enviado para Legalidade, o filho da mulher cativa, que está sob escravidão com os seus filhos.[29] Este é o mistério,[30] o Monte Sinai que você temia que caísse em sua cabeça. No entanto, se elas e seus filhos estão cativos, como esperar que eles o livrem? Legalidade, portanto, não é capaz de libertá-lo do seu fardo. Nenhum homem jamais foi liberado do fardo por Legalidade, nem nunca o será. Você não pode ser justificado pelas obras da lei, pois esta não pode livrar nenhum homem de seu fardo.[31] Assim, o Sr. Sábio-Segundo-o-Mundo é um estranho, o Sr. Legalidade é uma fraude e seu filho, Civilidade,

---

28. Moisés desistiu dos tesouros do Egito para "sofrer aflição com o povo de Deus" (Hebreus 11:25,26). As pessoas que dependem de moral religiosa evitam a doutrina da cruz, pois ela revela a malignidade do pecado e a necessidade de um Salvador. Veja também Salmo 24:7-10; Mateus 10:37-39; 16:25; Lucas 14:26.
29. 29 O Sr. Sábio-Segundo-o-Mundo prometeu vida, mas a Lei só traz morte. A Lei pode colocar um homem na escravidão, mas não pode salvá-lo (Gálatas 2:21). Veja também Gálatas 4:21-31; Gênesis 18; 21:1-21. Abraão agiu contra a vontade de Deus e se casou com Hagar, serva de sua esposa, na esperança de gerar o filho que Deus lhe havia prometido. Ismael nasceu e isso nada trouxe a não ser problemas. Hagar representa a Lei, ela era escrava. Ismael representa a carne, a velha natureza, porque nasceu da desobediência de Abraão. Sara representa a graça de Deus, e Isaque retrata o verdadeiro cristão, nascido da promessa pelo poder de Deus. Ismael era escravo, pois sua mãe era escrava. Isaque estava livre porque sua mãe era livre. Não há salvação por meio da Lei: Hagar e Ismael foram expulsos!
30. Um símbolo, um "segredo sagrado" oculto no Antigo Testamento e explicado no Novo Testamento.
31. Justificação é o ato de Deus pelo qual graciosamente Ele declara justo todos os que confiam em Jesus Cristo. É um termo legal e tem relação com nossa posição diante de Deus. Não podemos justificar-nos, somente Deus pode nos declarar justos e Ele o faz com base na obra de Cristo na cruz. Veja Gálatas 2:16; 3:11. O Comentário de Martinho Lutero sobre a carta aos Gálatas influenciou a vida de Bunyan e ajuda a explicar suas muitas referências a esta carta do Novo Testamento.

nada mais é que um hipócrita e não pode ajudá-lo. Acredite em mim, o que você ouviu falar por meio destes homens insensatos, nada mais é que um projeto para enganá-lo, desviando-o do caminho para onde o enviei.[32]

Depois disto, Evangelista clamou em alta voz aos Céus para confirmar o que dissera. Imediatamente, vieram palavras e fogo da montanha, estas fizeram o cabelo do pobre Cristão arrepiarem-se, pois os que são pela prática da lei estão debaixo de maldição, como está escrito: "Todos quantos, pois, são das obras da lei estão debaixo de maldição; porque está escrito: Maldito todo aquele que não permanece em todas as coisas escritas no Livro da lei, para praticá-las."[33] Agora, Cristão não esperava nada além da morte e começou a clamar com profunda tristeza, amaldiçoando o momento em que se encontrou com o Sr. Sábio-Segundo-o-Mundo e chamando a si mesmo de louco por ouvir seu conselho. Também sentiu muita vergonha ao pensar que os argumentos deste cavalheiro, fluindo apenas da carne, tinham prevalecido sobre ele, levando-o a abandonar o caminho certo. Feito isto, voltou-se novamente para as palavras de Evangelista.

CRISTÃO: Senhor, o que você pensa? Existe esperança? Posso voltar e continuar o trajeto até a portinhola? Peço perdão por seguir o conselho deste homem, mas o meu pecado pode ser perdoado?

EVANGELISTA: Seu pecado foi imenso, pois agiu mal duas vezes: desviou-se do que é bom e tomou caminhos proibidos.[34] Entretanto, o porteiro irá recebê-lo, pois tem boa vontade para com os homens.[35]

Em seguida, Cristão preparou-se para voltar, e Evangelista, depois de beijar-lhe, sorriu e lhe desejou uma jornada de sucesso. Deste modo, Cristão se apressou, sem falar com qualquer pessoa no caminho.[36] Ele viajou rapidamente, como alguém que sabe que encontra-se

---

32. Satanás é um grande enganador (2 Coríntios 11:1-3).
33. Gálatas 3:10.
34. Jeremias 2:13.
35. Boa Vontade é o nome do homem no portão (Lucas 2:14).
36. Veja as instruções que Cristo deu aos Seus discípulos (Lucas 10:4).

em terreno perigoso, até chegar novamente ao local onde abandonou o caminho para seguir o conselho do Sr. Sábio-Segundo-o-Mundo. Nesse momento, Cristão alcançou o portão no qual estava escrito, "...batei, e abrir-se-vos-á".[37]

Ele, que entrada requer, deve à porta bater
Não precisa duvidar, mas entrar.
Pois Deus pode amá-lo e Seu perdão conceder.

Entretanto, ele bateu, diversas vezes, dizendo:

Será que esse é o meu momento de entrar?
Quem está lá abrirá para me perdoar?
Um rebelde não merecedor sei que sou.
Então não deixarei de entoar seus louvores eternos nas alturas.

Finalmente, uma autoridade com o nome de Boa Vontade se aproximou do portão e perguntou quem estava ali, de onde viera e o que desejava.[38]

CRISTÃO: Eu sou um pobre pecador com um fardo pesado. Venho da Cidade da Destruição, mas estou indo para o Monte Sião[39] assim posso ser liberto da ira vindoura. Informaram-me que esta porta é o caminho àquele lugar e quero saber se você está disposto a deixar-me entrar.[40]

---

37. Mateus 7:7,8.
38. Cristão responderá a estas perguntas várias vezes durante sua peregrinação. Os puritanos cuidadosamente questionavam os novos convertidos e candidatos a membros da igreja para ter certeza de que eles estavam verdadeiramente convertidos (1 Pedro 3:15).
39. Monte Sião é outro nome para a Cidade Celestial, aplicado à cidade terrena de Jerusalém (Hebreus 12:22; Salmo 2:6; 48:2; 1 Crônicas 11:4-9). Veja também Mateus 3:7; 1 Tessalonicenses 1:10.
40. "Sou um dos eleitos de Deus? Ele está disposto a me salvar?" Essas questões atormentavam os puritanos. Veja 1 Timóteo 2:3,4; 2 Pedro 3:9. Nota marginal de Bunyan aqui é: "O portão será aberto aos pecadores com o coração quebrantado", referindo-se a Salmo 51:17.

BOA VONTADE: Com toda alegria no coração.
E, assim, abriu o portão.

Ele, que entrada requer, deve à porta bater.
Não precisa duvidar, mas entrar.
Pois Deus pode amá-lo e Seu perdão conceder.
Será que esse é o meu momento de entrar?
Quem está lá abrirá para me perdoar?
Um rebelde não merecedor sei que sou.
Então não deixarei de entoar
seus louvores eternos nas alturas.

CAPÍTULO 3

NÃO EXISTE SALVAÇÃO "RÁPIDA E FÁCIL" *como o Sr. Sábio--Segundo-o-Mundo sugere. Os puritanos falavam em "trabalho árduo", ou seja, uma obra profunda que Deus faz no coração para trazer o pecador à luz. Isto exige tempo.*

Neste ponto, Cristão tem fé, mas não em Cristo. A fé é apenas tão positiva quanto o objetivo. A fé na sabedoria religiosa mundana não pode salvar o pecador. Ao ouvir o conselho do Sr. Sábio-Segundo-o-Mundo, Cristão rejeita o conselho divino oferecido pelo fiel Evangelista.

O Sr. Sábio-Segundo-o-Mundo promete vida por meio da Moralidade e Legalidade, mas a Lei só traz morte. A Lei pode tornar o homem escravo, mas não consegue livrá-lo. Quando Cristão finalmente reconhece isto, seus pés retornam ao caminho e, em seguida, alcança a porta estreita da salvação.

Depois de bater ao portão, Boa Vontade lhe pergunta: "Quem é? De onde você vem? O que você quer?" Cristão responderá a estas perguntas várias vezes durante sua peregrinação. Desta maneira, os puritanos questionavam cuidadosamente os novos convertidos e candidatos a membros da igreja para assegurar a verdadeira conversão.

Cristão também pergunta: "Tenho sua permissão para entrar?" Perguntas como esta atormentavam os puritanos: "Sou um dos eleitos de Deus? Ele está disposto a me salvar?" Nas notas de rodapé Bunyan escreve: "O portão se abrirá a todos os pecadores quebrantados", uma referência a Salmo 51:17.

Enquanto Cristão atravessava o portão, Boa Vontade o puxou para dentro. Cristão perguntou: "Por que você fez isso?"

"Aqui perto deste portão", respondeu-lhe Boa Vontade, "está um castelo forte. Seu capitão é Belzebu; ele e seu bando atiram flechas naqueles que se aproximam deste portão. A intenção é matá-los antes que entrem."[1]

Em seguida, Cristão diz: "eu me alegro e tremo."[2]

Ao cruzar o portão, Boa Vontade perguntou quem o ensinou a chegar lá.

CRISTÃO: Evangelista instruiu-me a vir por este caminho e bater. Ele me disse que o senhor me informaria acerca do que fazer.

BOA VONTADE: A porta foi aberta e ninguém pode fechá-la.[3]

CRISTÃO: Agora começo a colher os frutos de minha aventura.

BOA VONTADE: Mas por que você veio sozinho?

CRISTÃO: Nenhum vizinho percebeu o perigo como eu.

BOA VONTADE: Eles sabiam que você estava vindo?

CRISTÃO: Sim. Primeiro minha esposa e filhos me viram e tentaram convencer-me a voltar; alguns vizinhos fizeram o mesmo. Mas tapei os ouvidos com os dedos e continuei a jornada.

BOA VONTADE: Mas nenhum deles o seguiu ou tentou persuadi-lo a voltar?

CRISTÃO: Sim, Obstinado e Flexível. Quando perceberam que não teriam êxito, Obstinado voltou com muitas ofensas, mas Flexível me acompanhou durante parte do caminho.

---

1. Para livrá-lo do ataque de Belzebu, Boa Vontade não o puxou contra sua vontade nem obrigou-o a entrar. Aqui, Bunyan harmoniza a eleição de Deus e a responsabilidade do homem em crer (João 6:37). Belzebu é um dos nomes de Satanás usados na Bíblia (Mateus 10:25; 12:24-27), e fala da imundície de sua obra e de seu caráter. Significa "pai da mentira" (2 Reis 1:2) ou "pai da família" (Mateus 10:25). Também pode significar "maligno". Veja Efésios 6:16, sobre os dardos do maligno.
2. Veja Salmo 2:11. Posteriormente, Cristão experimentará "esperança e temor". Os puritanos procuravam manter o equilíbrio de suas emoções espirituais. Se alegravam, mas também percebiam a grandeza e a santidade de Deus, portanto, temeram. A esperança era equilibrada com o temor a Deus. Existe a falsa alegria que é superficial e uma falsa esperança que carece de realidade.
3. Apocalipse 3:8.

BOA VONTADE: Por que ele não atravessou o portão?

CRISTÃO: Viajamos juntos até que caímos no Pântano da Desconfiança. Flexível desanimou e não quis continuar a aventura. Ele retornou para casa e disse que deveria continuar sem sua companhia. Seguiu as pegadas de Obstinado e eu continuei na direção deste portão.

BOA VONTADE: Pobre homem, a glória celestial lhe é de tão pouco valor que ele não acha que vale a pena arriscar-se e passar por algumas dificuldades para obtê-la?

CRISTÃO: Concordo. E sobre Flexível, se ele falar a verdade sobre mim, não serei melhor do que ele. Voltou para sua casa, mas eu abandonei o caminho correto em direção ao caminho da morte ao ser influenciado pelos argumentos carnais do Sr. Sábio-Segundo-o-Mundo.

BOA VONTADE: Ó! Você o encontrou? E lhe teria indicado o caminho mais fácil com o Sr. Legalidade? Ambos são caminhos enganosos. Mas você seguiu seu conselho?

CRISTÃO: Sim, tanto quanto pude. Comecei minha busca pelo Sr. Legalidade. Encontrei a montanha que ficava no caminho de sua casa e temi que ela pudesse cair sobre minha cabeça. Portanto, fui forçado a parar.

BOA VONTADE: Aquela montanha já matou muitas pessoas e matará ainda outras. Que bom, você escapou de ser dilacerado por ela!

CRISTÃO: Na verdade, não sei o que seria de mim se Evangelista não me encontrasse novamente quando estava com minha mente naquele estado sombrio. Foi a misericórdia divina, que o trouxe a mim, porque de outra forma jamais teria chegado aqui.[4] Mas estou neste lugar — eu que mereço a morte por essa montanha, ao invés de estar conversando com o meu Senhor. Ó, que graça é esta que me concedes, que ainda me permite a entrada aqui!

---

4. Deus, em Sua misericórdia não nos dá o que merecemos; por Sua graça Ele oferece o que não merecemos: a salvação.

BOA VONTADE: Não fazemos acepção de pessoas, não importa tudo o que tenham feito antes de chegarem aqui. "De modo nenhum o lançarei fora".[5] Portanto, bom Cristão, acompanhe-me por um momento e lhe ensinarei o caminho a seguir. Olhe adiante! Você vê aquele caminho estreito?[6] Esse é o caminho que deve seguir. Por ali já passaram os patriarcas, profetas, Cristo, Seus apóstolos, e esse caminho é tão reto quanto um preceito pode torná-lo. Esse é o caminho que deve seguir.

CRISTÃO: Mas não existem curvas ou desvios que possam levar um estrangeiro a perder o seu caminho?

BOA VONTADE: Sim, existem muitas encruzilhadas e atalhos largos.[7] Mas você também sempre pode distinguir o caminho certo: ele é sempre reto e estreito.

Depois, vi em meu sonho que Cristão perguntou-lhe se poderia ajudá-lo a arrancar o fardo dos ombros; pois não conseguia tirá-lo sem ajuda de forma alguma.

BOA VONTADE: Quanto ao seu fardo, alegre-se em poder carregá-lo até o momento de sua libertação, pois ele cairá por si mesmo.

Cristão começou a se preparar para sua jornada e Boa Vontade o informou de que, depois de viajar certa distância do portão, ele chegaria à casa de Intérprete, em cuja porta ele deveria bater e este lhe mostraria coisas excelentes.[8] Cristão se despediu do amigo que o abençoara.

Cristão caminhou à casa de Intérprete. Bateu à porta da casa várias vezes, até que alguém atendeu e perguntou quem estava lá.

CRISTÃO: Senhor, sou um viajante, e um conhecido aconselhou-me a falar com o dono da casa para conhecer coisas maravilhosas. Gostaria, portanto, de falar com o chefe da casa.

---

5. João 6:37.
6. Mateus 7:13,14.
7. Cristão descobrirá alguns desses desvios!
8. Este é o Espírito Santo de Deus, que interpreta as coisas de Deus aos que o buscam (João 16:13).

Ele chamou o chefe da casa, que se aproximou e lhe perguntou o que desejava.

CRISTÃO: Senhor, venho da cidade da Destruição e meu destino é Monte Sião. O homem que permanece à entrada do portão me disse que se eu parasse aqui, o senhor me daria excelentes instruções que me ajudarão em minha jornada.

INTÉRPRETE: Entre. Mostrarei o que poderá lhe ser útil.

Então, ordenou a um de seus criados que acendesse um candeeiro e orientou o visitante para que o seguisse.[9] Ele o conduziu até uma sala particular e o servo abriu a porta. Cristão viu, pendurado na parede, um quadro retratando um homem muito austero.[10] Os olhos estavam direcionados para o Céu, tinha o melhor dos livros em suas mãos, a lei da verdade escrita sobre seus lábios e o mundo atrás de si. Com uma coroa de ouro na fronte, ele estava em uma atitude como se fizesse um pedido aos homens.

CRISTÃO: O que significa esse quadro?

INTÉRPRETE: O homem do quadro é um entre mil; ele gera filhos, permite as dores de parto e nutre os filhos quando nascem.[11] Os olhos em direção ao Céu, o melhor dos livros nas mãos e a lei da verdade sobre os lábios representam seu trabalho, que é conhecer e revelar as coisas encobertas para os pecadores. Ele está em pé porque tenta convencê-los. Atrás dele está o mundo e a coroa de ouro em sua cabeça representa o seu desprezo pelas coisas do mundo, e o seu amor ao serviço do Mestre; ele está seguro de que esse amor terá a glória como recompensa no mundo por vir.

---

9. "Lâmpada para meus pés é a tua palavra, e luz para o meu caminho" (Salmo 119:105). O Espírito Santo usa a Bíblia para mostrar-nos a verdade divina.
10. O quadro é do pastor ideal, e Bunyan teve seu próprio pastor, John Gifford, em mente. Os puritanos tinham um imenso respeito por seus pastores e condenavam os pastores imprudentes. Veja também Malaquias 2:4-7 para encontrar a descrição ideal do servo de Deus.
11. Os pastores puritanos cuidavam diligentemente de seus "filhos espirituais" (1 Coríntios 4:15; Gálatas 4:19; 1 Tessalonicenses 2:7).

Mostrei este quadro, em primeiro lugar, porque o homem representado nele é o único a quem o Senhor do lugar onde você está indo autorizou a ser o seu guia em todas as passagens difíceis que haverá pelo caminho. Portanto, preste atenção e não esqueça o que você viu, pois em sua jornada muitos dos que encontrar fingirão levar você ao caminho certo, mas são caminhos de morte.[12]

Em seguida, o homem segurou Cristão pela mão e o conduziu a um grande salão que estava empoeirado, pois nunca havia sido varrido. Depois de um tempo, enquanto Intérprete chamou um homem para varrer, e este começou a fazer a limpeza, subiu tanta poeira que Cristão quase não podia respirar. Intérprete chamou uma jovem que estava por perto e pediu-lhe: "Traga água e borrife pelo salão." Finalmente, depois de ela ter feito isso, a sala estava varrida e limpa.

CRISTÃO: O que significa isto?

INTÉRPRETE: Este salão representa o coração de um homem que nunca foi santificado pela suave graça do evangelho. A poeira é o pecado original e a corrupção que contaminou o homem.[13] Aquele que começou a varrer no início representa a Lei; mas a moça que trouxe água e a borrifou simboliza o evangelho. Quando o salão começou a ser varrido, a poeira subiu tão alto que era impossível

---

12. Os oficiais da igreja estabelecida disseram que Bunyan não estava autorizado a pregar e, por isso, o colocaram na cadeia. Era necessária uma licença do governo para pregar e ser pastor. Os puritanos eram cuidadosos ao ordenar homens para a obra de Deus e alertavam os membros contra os falsos profetas (Mateus 7:13-20; Provérbios 14:12).
13. Santificado significa literalmente "separado para uso exclusivo de Deus". Para os puritanos isso significava tornar-se uma pessoa santa. Quando o pecador confia em Cristo, ele é justificado (declarado justo por Deus), e ele deve ser santificado (revelar essa justiça na vida diária). A Lei não consegue varrer a sala e torná-la limpa, apenas "levanta a poeira" e revela como o coração é pecaminoso. O evangelho é como a água que limpa a sujeira do pecado. Nascemos com o pecado original, por natureza, porque somos filhos de Adão. Note-se que a água não lava completamente a poeira, simplesmente a mantém sob controle. A salvação não só remove a velha natureza pecaminosa, mas, nos dá uma nova natureza. Esta nova natureza nos permite vencer o pecado e obedecer a Deus. Provavelmente Bunyan estivesse pensando em Ezequiel 36:25-27 quando escreveu este trecho. No entanto, não lemos sobre o batismo por aspersão. Bunyan não acreditava que o batismo era essencial para a salvação.

limpá-la, e você quase sucumbiu nela; isto é para mostrar-lhe que a Lei, em vez de limpar o coração (por meio das obras), revive, fortalece e aumenta o pecado. A Lei denuncia e proíbe o pecado, mas não tem o poder de subjugá-lo.[14]

Você notou que a jovem que borrifou a água no salão fez isso com prazer? Isto mostra que, quando a influência doce e preciosa do evangelho chega ao coração, o pecado é vencido e subjugado e a alma é purificada, tornando-se apta para que o Rei da Glória faça Sua morada.

Além disso, vi em meu sonho que Intérprete tomou Cristão pela mão e o conduziu a uma pequena sala onde havia duas crianças pequenas, cada uma em sua cadeira. A criança maior chamava-se Paixão e o nome da outra era Paciência.[15] Paixão parecia muito descontente, entretanto, Paciência estava quieta. Em seguida, Cristão perguntou: "Por que Paixão está insatisfeita?" Intérprete respondeu: "O Senhor lhe disse que deveria esperar os melhores presentes até o início do próximo ano, mas Paixão os quer agora. Paciência, no entanto, está disposta a esperar."

Então, vi alguém se aproximando de Paixão, este trouxe-lhe um saco cheio de tesouros e o derramou aos seus pés. Paixão apossou-se dos tesouros alegremente e zombou de Paciência. Mas eu observei e não demorou muito até que Paixão gastou todo o tesouro extravagantemente e nada restou além de trapos.

CRISTÃO: Explique-me melhor.

---

14. Deus não deu a Lei para salvar as pessoas, mas para nos revelar o que precisamos para ser salvos (Romanos 5:20). Em Romanos 7:7-11, Paulo descreve como sua tentativa de guardar a lei só aumentou seu desejo pelo pecado! Ao invés de enfraquecer o pecado, a Lei, na verdade, o fortalece. Isto explica por que Moralidade e Legalidade nunca poderão salvar alguém. Veja também João 14:21-23; 15:3; Atos 15:9; Romanos 16:25,26; 1 Coríntios 15:56; Efésios 5:26.
15. Cristão não recebe tudo aqui e agora, ele deve exercitar a paciência e esperar as bênçãos prometidas (Tiago 5:8). Os cidadãos deste mundo devem ter tudo imediatamente.

INTÉRPRETE: São duas alegorias: Paixão representa os homens do mundo de agora e Paciência os homens do mundo porvir. Como você viu, Paixão terá tudo agora, este ano — é o mesmo que dizer, neste mundo; assim são os homens deste mundo, desejam vantagens mundanas na hora. Eles não conseguem esperar o ano seguinte, quer dizer, o próximo mundo, pelos seus benefícios. O conhecido provérbio, "Melhor um pássaro nas mãos do que dois voando", tem mais autoridade que todos os testemunhos divinos sobre o reino vindouro.[16] Mas, como você observou, Paixão desperdiçou tudo e não sobrou nada, exceto os trapos. Isso acontecerá a esses homens no fim deste mundo.

CRISTÃO: Agora, percebo que Paciência é mais sábia em muitas maneiras. Primeiro, espera pelas melhores coisas. Segundo, alcançará a glória quando a outra não terá nada além de trapos.

INTÉRPRETE: Você pode acrescentar que a glória do mundo vindouro nunca acabará enquanto as boas coisas deste mundo acabam rapidamente. Por isso, Paixão não tem tanta razão para zombar de Paciência, porque preferiu as boas coisas antes. Como Paciência terá de rir de Paixão, porque preferiu as melhores coisas por último![17] O primeiro dará sua vez ao último, que não terá ninguém para substituí-lo. Ele, entretanto, que recebeu sua porção primeiro, logo deve ter tempo de usufruí-la, mas o que recebe sua parcela por último, poderá conservá-la de maneira duradoura. Como foi dito ao homem avarento: "Filho, lembra-te de que recebeste os teus bens em tua vida, e

---

16. Plutarco, um escritor da Grécia antiga escreveu: "Tolo é o homem que solta o pássaro na mão por um pássaro que está na árvore." Mas o mártir missionário, Jim Elliot, escreveu: "Não é tolo aquele que abre mão do que não pode reter para ganhar o que não pode perder." Bunyan teria concordado com Elliot.
17. No julgamento, os que são os primeiros aos olhos humanos ou aos seus próprios olhos, serão os últimos, enquanto aqueles que são últimos serão os primeiros (Mateus 20:16).

Lázaro igualmente, os males; agora, porém, aqui, ele está consolado; tu, em tormentos."[18]

CRISTÃO: Percebo que o melhor não é cobiçar as coisas que são do presente, mas esperar pelas que virão.

INTÉRPRETE: Você fala a verdade. "...não atentando nós nas coisas que se veem, mas nas que se não veem; porque as que se veem são temporais, e as que se não veem são eternas."[19] Uma vez que as coisas presentes são aquelas que saciam nosso apetite carnal e as coisas que virão se mostram estranhas à nossa natureza carnal, portanto, as primeiras podem ser mais amistosas, enquanto as coisas futuras estão distantes de nosso apetite carnal.

Em seguida, vi em meu sonho que Intérprete levou Cristão pela mão até um local em que o fogo ardia contra a parede e alguém jogava água continuamente tentando apagá-lo, mas o fogo aumentava em altura e calor.

CRISTÃO: O que significa isto?

INTÉRPRETE: Este fogo representa a obra da graça no coração. Aquele que joga água no fogo, tentando apagá-lo é o Inimigo.[20] Mas deixe-me mostrar por que o fogo continua forte e ardente.

Ele levou Cristão para o outro lado da parede, onde estava um homem com um vaso de óleo em sua mão que, contínua e secretamente, jogava no fogo.[21]

CRISTÃO: O que significa isto?

---

18. Lucas 16:19-31. "Ricaço" é um apelido tradicional para um homem rico, entretanto Jesus não deu um nome ao personagem rico de Sua parábola.
19. 2 Coríntios 4:18.
20. Lucas 24:32; 2 Timóteo 1:6. Bunyan escreve em *Graça abundante* (Ed. Fiel, 2006): "Então, o tentador vem a mim com frases desanimadoras como estas: Você está muito ansioso para receber misericórdia, mas vou esfriar seu desejo; essa chama não durará por muito tempo; muitos estão aquecidos espiritualmente como você, mas apagarei seu zelo. Apesar de você estar queimando no momento, posso tirá-lo deste fogo e acalmarei seu coração imediatamente."
21. Esta imagem vem do livro de de Zacarias 4:11-14. O óleo simboliza a graça de Deus dada pelo Espírito Santo (Filipenses 1:6).

INTÉRPRETE: Ele é Cristo, que continuamente, com o óleo da Sua graça, mantém a obra iniciada no coração, por meio da qual, não importa o que o Inimigo possa fazer, e mostra ao povo que a graça ainda existe.[22] E o homem atrás da parede que preserva o fogo, ensina que é difícil para a tentação ver como seu trabalho da graça é guardado no coração.

Também vi que Intérprete conduziu Cristão novamente pela mão a um lugar aprazível, onde havia um palácio imponente, agradável aos olhos e Cristão ficou maravilhado com a visão.[23] Ele também viu que pessoas caminhavam vestidas de ouro.

CRISTÃO: Podemos entrar ali?

Intérprete o conduziu até a porta do palácio. Havia um grande número de homens que desejavam entrar, mas não se arriscavam. Perto dali, a pouca distância, havia uma mesa, com um livro e uma caneta. Sentado à mesa, estava um homem que anotava o nome daqueles que deveriam entrar.[24] Ele também observou vários homens que protegiam o palácio, vestidos em armaduras, prontos para ferir e atacar aqueles que entrassem. Cristão ficou impressionado.

Finalmente, quando os homens recuavam por temer os guardas, Cristão viu um homem forte e decidido, caminhando em direção à mesa, dizer: "Registre meu nome, Senhor." Assim que seu nome foi registrado, desembainhou a espada, colocou o capacete na cabeça e correu em direção aos homens armados, que o atacaram com vigor letal. Mas ele, com toda coragem, contra-atacou ferozmente.[25] Depois de ter sido ferido e ferir a muitos que tentavam impedi-lo, atravessou

---

22. Veja 2 Coríntios 12:9. Satanás atacou Paulo, mas a graça de Deus o sustentou.
23. Isto parece que simboliza as recompensas que Deus tem para aqueles que "combatem o bom combate da fé" (1 Timóteo 6:12). Embora a salvação seja pela graça, as recompensas são dadas apenas para os fiéis, e fidelidade envolve uma batalha.
24. A imagem vem de Ezequiel 9, exceto que os nomes são escritos, em vez de colocar uma marca nas pessoas.
25. Veja Mateus 11:12 e Atos 14:22. O homem na armadura equilibra a imagem da Paciência dada anteriormente. Na vida cristã, a paciência não significa apenas esperar, mas também bravamente resistir e manter o foco quando as coisas estiverem difíceis.

o caminho e seguiu em direção ao palácio, onde ouviu a agradável voz daqueles que caminhavam no topo do palácio, dizendo:

Entre, entre;
Glória eternal virá sobre Ti.[26]

Ele entrou e vestiu-se com os trajes reais. Cristão sorriu: "Acho que sei o significado disto. Deixe-me sair deste lugar."

"Não, continue", disse Intérprete, "pois preciso mostrar-lhe um pouco mais. Depois pode continuar a jornada." Então, conduziu-o novamente pela mão até um quarto escuro, onde havia um homem sentado numa jaula de ferro.[27]

Ao olhá-lo, o homem parecia muito triste; ele estava sentado com o olhar dirigido ao chão, mãos cruzadas e suspirava como se o coração estivesse sendo dilacerado. Cristão perguntou: "O que significa isto?" Intérprete o aconselhou a conversar com o homem.

CRISTÃO: Quem é você?

HOMEM: Eu sou o que não fui.

CRISTÃO: E o que você foi?

HOMEM: Antigamente, declarava-me ser um Cristão, tanto aos meus olhos como na visão das pessoas. Eu pensava ser escolhido para a Cidade Celestial e meu coração se enchia de alegria ao pensar no meu lar futuro.[28]

CRISTÃO: E agora, quem é você?

HOMEM: Agora sou um homem desesperado e em silêncio, dentro desta jaula. Não consigo sair. Simplesmente, não consigo!

CRISTÃO: Mas como você chegou a esta condição?

---

26. As cartas do Novo Testamento muitas vezes usam figuras militares no discurso para retratar a vida cristã. O próprio Bunyan esteve no exército. Lembre-se de que Cristão mostra as dificuldades e demandas da jornada do peregrino. Ele lutará contra muitos inimigos antes que chegue à Cidade Santa.
27. Uma imagem do desespero, em contraste com o valente soldado que perseverou até a vitória.
28. Bunyan faz uma referência a Lucas 8:13, em que relata a parábola do semeador. Os sentimentos em si não garantem a salvação.

HOMEM: Parei de estar alerta e de ser sóbrio. Permiti que os desejos me controlassem. Pequei contra a luz da Palavra e bondade de Deus. Decepcionei o Espírito e Ele se foi.[29]

Tentei o Inimigo e ele se aproximou. Provoquei a ira divina e Deus me abandonou. Meu coração está tão endurecido que não consigo me arrepender.

Cristão perguntou a Intérprete: "Não existe esperança para este homem?" "Pergunte a ele", respondeu Intérprete. "Não", disse Cristão, "por favor, pergunte-lhe o senhor mesmo".

INTÉRPRETE: Será que não há esperança, de modo que deve ser mantido na jaula de ferro do desespero?

HOMEM: Não, nenhuma.[30]

INTÉRPRETE: Por quê? O Filho da Bênção está cheio de compaixão.[31]

HOMEM: Eu o crucifiquei novamente, o desprezei, desprezei Sua justiça, não considerei o Seu sangue como santo, eu "peco a despeito do espírito da graça".[32] Consequentemente, desliguei-me de todas as promessas e não me resta nada, a não ser temer o temível julgamento, ardor profundo que me consumirá como um adversário.

---

29. Veja Efésios 4:30. Quando o pecador confia em Cristo, recebe o dom do Espírito Santo e seu corpo se transforma no templo de Deus (1 Coríntios 6:19,20). Ofender o Espírito é pecar repetidamente contra Deus.
30. O homem está convencido de que não tem esperança. Em *Graça Abundante* (Ed. Fiel, 2006): Bunyan afirma que ele "estava convencido de que aqueles que já estavam efetivamente em Cristo [...] nunca poderiam perdê-lo para sempre." Intérprete não diz que o caso do homem é impossível, nem Bunyan. É o homem que se condena, tamanho o desespero em que se encontra.
31. Veja Tiago 5:11. Intérprete garante ao homem desesperado que Cristo está pronto a perdoar e restaurá-lo.
32. Citação de Hebreus 6:4-6; 10:28,29. Estas passagens de Hebreus têm sido um campo de batalha para os teólogos. Eles descrevem a condição do cristão que abandonou a fé em Cristo? Ou será que descrevem um cristão professo que não estava verdadeiramente convertido? Na referência anterior de Lucas 8:13, Bunyan sugere que o homem na jaula não foi salvo em tudo, porque não produziu os frutos necessários. Em qualquer caso, o homem em desespero é um aviso de que devemos "vigiar e ser sóbrios". Veja Lucas 19:14.

INTÉRPRETE: Por que você colocou-se nesta condição?

HOMEM: Para poder desfrutar da luxúria, prazeres e recompensas deste mundo. Mas agora essas coisas me corroem por dentro como um verme em chamas.

INTÉRPRETE: Mas você não pode se arrepender e abandonar estas coisas?[33]

HOMEM: Deus me negou o arrependimento. Sua Palavra não me dá incentivo para crer ao contrário. Sim, Ele me trancou nesta jaula, nenhum exército de homens pode me tirar deste lugar. Ó! Eternidade! Eternidade! Como lidarei com essa extrema infelicidade que devo encontrar na eternidade!

INTÉRPRETE: Lembre-se da miséria deste homem, que ela seja uma advertência a você.

CRISTÃO: Bem, isto é amedrontador! Deus me ajude a manter o foco e a sobriedade e que eu o busque em oração para evitar chegar à condição deste homem! Senhor, não chegou o momento de seguir meu caminho?

INTÉRPRETE: Espere, preciso lhe mostrar mais uma coisa. Depois, poderá seguir sua jornada.

Intérprete levou Cristão pela mão novamente até um aposento, onde alguém levantava-se da cama. Enquanto se vestia, movia-se de um lado para outro e tremia.[34]

---

33. Arrepender-se significa mudar de ideia. O verdadeiro arrependimento resulta em um ato da vontade que leva o pecador a abandonar o pecado e confiar em Cristo. O homem na jaula acreditou que o dom do arrependimento havia sido negado a ele e que era tarde demais. Bunyan poderá estar se referindo a Hebreus 12:16,17, a experiência de Esaú, que implorou por sua bênção ao pai. Isaque já havia dado a bênção ao irmão, Jacó, e não poderia mudar sua mente. Refere-se à mudança da mente de Isaque, não à mudança de Esaú. Veja Gênesis 27.

34. Por causa do medo do julgamento Bunyan escreveu: "Mesmo na minha infância, o Senhor me assustava e me amedrontava com sonhos horríveis e com visões aterrorizantes." Durante seu período de condenação, ele temeu sobremaneira a ira de Deus. "Meus pecados vieram à mente e minha consciência me acusava de todos os lados."

Cristão perguntou: "Por que esse homem treme tanto?" Intérprete pediu ao homem que explicasse o motivo. Ele falou: "Esta noite, enquanto dormia, sonhei que o Céu se escurecia, trovões e raios riscavam o Céu de maneira tão amedrontadora que entrei em agonia.[35] Olhei para cima e vi que as nuvens passavam e se chocavam num ritmo incomum. Ouvi um grande som de uma trombeta e vi um homem sentado na nuvem, acompanhado de muitos seres celestiais; todos estavam iluminados e o Céu queimava como fogo.[36] Então, ouvi uma voz que dizia: 'Levantem-se, ó mortos, chegou o momento do juízo.' E, nesse momento, as rochas se despedaçaram, as tumbas se abriram e os mortos ressuscitaram.[37] Alguns estavam muito felizes e olhavam para cima, outros tentavam se esconder nas montanhas.[38] Então, vi o homem sentado sobre a nuvem com um livro aberto ordenando ao mundo que se aproximasse. No entanto, devido à grande chama, havia uma distância confortável entre ele e os outros, como a distância do juiz e os prisioneiros no tribunal.[39] Ouvi uma voz que também proclamava para que se reunisse ao homem sentado na nuvem: 'Reúnam o joio, o joio e o restolho, separe e lance no lago de fogo ardente.'[40] E com isso o poço do abismo foi aberto e lá estava eu. Veio muita fumaça e brasas de fogo, com barulhos horríveis.[41] Ele também disse às mesmas pessoas: 'Reúna o trigo no celeiro.' E vi muitas pessoas serem levadas até as nuvens, mas

---

35. O sonho do julgamento é composto por várias passagens bíblicas: João 5:28,29; 1 Coríntios 15:51-58; 2 Tessalonicenses 1:7-10; Judas 14,15; Apocalipse 20:11-15.
36. 1 Tessalonicenses 4:16; Mateus 26:64.
37. Mateus 27:50-53.
38. Salmo 50:1-3,22; Isaías 26:20,21; Miqueias 7:16,17; Apocalipse 6:12-17.
39. O fogo é símbolo do santo julgamento divino. Veja Daniel 7:10; Malaquias 3:2,3.
40. Veja a parábola do joio e do trigo em Mateus 13:24-30,36-43. O trigo simboliza os verdadeiros filhos de Deus, o joio os falsos cristãos. Não são distinguidos até chegar o momento da colheita. No julgamento, o joio será queimado. Veja também Malaquias 4:2; Mateus 3:12; Lucas 3:17.
41. Veja Apocalipse 9:1,2,11; 11:7; 17:8; 20:1,3. Abismo é a palavra correta, e parece ser um poço nos confins do inferno.

eu fiquei para trás.[42] Tentei esconder-me, mas não pude, pois o homem sentado tinha seus olhos fixos em mim. Meus pecados vieram à mente e minha consciência acusou-me de todas as maneiras.[43] Depois disso, acordei do meu sono."

CRISTÃO: Mas o que fez você sentir tanto medo, nesta visão?

HOMEM: Ora, eu pensei que o dia do juízo havia chegado e que não estava preparado, mas o que mais me assustou foi que os anjos reuniram várias pessoas e me deixaram para trás e também o abismo do inferno se abriu exatamente onde eu estava. Minha consciência também me afligiu e pensei que o juiz me olhava com indignação.

INTÉRPRETE: Cristão, você já pensou em todas estas coisas?

CRISTÃO: Sim, em alguns momentos sinto esperança e em outros, medo.[44]

INTÉRPRETE: Bem, guarde estas coisas em mente para que prossiga corajoso pelo caminho que deve trilhar.[45]

Cristão começou a se preparar para a jornada e Intérprete lhe desejou: "Que o Consolador esteja sempre com você, bom Cristão, guiando-o no caminho que conduz à Cidade."[46]

---

42. Este é o arrebatamento do povo de Deus quando Jesus Cristo voltar. Está descrito em 1 Tessalonicenses 4:13-18. Os cristãos serão subitamente arrebatados para encontrar Cristo nos ares.
43. Veja Romanos 2:14,15. A consciência é o juiz interior, dado por Deus, que nos acusa quando fazemos algo de errado, e nos aprova, quando agimos corretamente. A palavra consciência foi importante no vocabulário puritano. Se um homem estava com Deus, também estava bem consigo, com os outros e tinha uma boa consciência que não podia perturbá-lo.
44. Veja nota de rodapé 2 deste capítulo.
45. A ilustração da vara afiada utilizada para cutucar bois ou incitar, vem de Eclesiastes 12:11. Tudo o que Cristão viu na casa de Intérprete deve motivá-lo a continuar sua peregrinação, não importa o custo. Veja Atos 9:5.
46. O Consolador é um dos nomes do Espírito Santo. Veja João 14:16-26. No original grego, essa palavra significa "aquele que foi chamado para o auxílio". A palavra na língua inglesa é originária do latim e significa "com força". O Espírito Santo nos dá força que precisamos para fazer a vontade de Deus.

Cristão seguiu seu caminho dizendo:
Tenho visto coisas raras e úteis;
Coisas agradáveis, terríveis, coisas que me fazem tremer.
Decidi tomá-las em minha mão;
E sobre elas pensar, começando a entender
Os benefícios que para mim tornarão
E a ti, bom Intérprete, agradecido quero ser.

Vi, em meu sonho que a estrada em que Cristão viajava era cercada em ambos os lados por uma parede chamada Salvação.[47] Assim, Cristão acelerou o passo, mas com grande dificuldade devido ao peso que estava em suas costas.

Ele correu até chegar a uma colina, onde havia uma cruz e no fundo estava um sepulcro.[48] Então, vi em sonho que, tão logo Cristão se aproximou da cruz, a carga soltou-se dos seus ombros e continuou caindo até chegar à entrada do sepulcro, onde foi depositada completamente, e eu vi que não havia mais nenhum fardo.

Cristão ficou feliz, e exclamou com coração agradecido: "Ele me deu descanso por meio de Seus sofrimentos e a vida por meio da Sua morte."[49] Ficou parado durante algum tempo para olhar e maravilhar-se com a visão da cruz e o alívio que ela lhe proporcionara. Continuou admirando-a até que as lágrimas começaram a escorrer pelo seu rosto.[50]

---

47. Veja Isaías 26:1; 35:8.
48. A morte e ressurreição de Cristo é o coração do evangelho cristão (1 Coríntios 15:3,4).
49. O paradoxo da fé cristã: Cristo morre para que tenhamos vida. Pelo sofrimento de Cristo temos alegria e descanso.
50. Zacarias 12:10 descreve o verdadeiro arrependimento.

Enquanto olhava e chorava, três Seres Resplandecentes se aproximaram e disseram: "A paz esteja contigo." O primeiro lhe disse: "Teus pecados estão perdoados." O segundo despiu-lhe de seus trapos e vestiu-o com roupas limpas; o terceiro colocou uma marca em sua testa e deu-lhe um rolo selado, advertindo-o que cuidasse do rolo enquanto corria a fim de entregá-lo no Portão Celestial.[51] Em seguida, continuaram seu caminho.

Quem é este? O Peregrino. As coisas antigas passaram, novas se fizeram.[52]

Peregrino, um novo homem se tornou, e sobre minha palavra
Suas vestes brancas se tornaram.

Então, Cristão pulou três vezes de tanta alegria e continuou o trajeto cantando:

Até agora carreguei o meu pecado;
Nada havia para aliviar meu fardo.
Até que cheguei a esse maravilhoso lugar.
Será que irei me alegrar?
Será que vou do meu jugo me livrar?
As amarras que me prendem irão se quebrar?
Bendita cruz! Bendita tumba!
Bendito Aquele que minh'alma veio salvar.[53]

---

51. Os Seres Resplandecentes são anjos. Esta cena é uma das mais importantes no livro, pois representa a crença de Bunyan na salvação. Quando confiou em Cristo crucificado, Cristão recebeu paz (Romanos 5:1); perdão (Marcos 2:5); vestes limpas, representando salvação (Isaías 64:6; Zacarias 3:4); uma marca na fronte, o selo de Deus (Efésios 1:13); e um pergaminho (certeza da salvação). Os três anjos simbolizam a Trindade: o Pai perdoa, o Filho reveste e o Espírito sela e dá segurança. Veja Efésios 1:3-14.
52. 2 Coríntios 5:17.
53. Bunyan coloca ênfase em Cristo, não em "símbolos religiosos" como a cruz e a tumba vazia.

Quem é este? O Peregrino.
As coisas antigas passaram, novas se fizeram.
Peregrino, um novo homem se tornou,
e sobre minha palavra
Suas vestes brancas se tornaram.

CAPÍTULO 4

CRISTÃO PERDE O SEU FARDO *do pecado porque confiou em Cristo. Esta tinha sido a própria experiência de Bunyan como relatou em* Graça abundante *(Ed. Fiel, 2006): "Lembro-me daquele dia em que meditava sobre a maldade do meu coração [...] em que a Escritura veio à minha mente. Ela trouxe paz por meio do sangue da Cruz, pelo qual fui criado para ver constantemente que Deus e meu coração eram amigos por meio do Seu sangue. Este foi um dia excelente, desejo relembrá-lo sempre." Vale ressaltar que existia uma cruz de pedra em Elstow, próximo ao local onde Bunyan costumava jogar. Atualmente, parte da cruz ainda permanece no lugar.*

Cristão deixa os três Seres Resplandecentes e se dirige aos três seres imprudentes. Cheio de alegria com a experiência da salvação, Cristão quer testemunhar-lhes e tentar ajudá-los. Bunyan escreveu que falaria do amor de Deus e de Sua misericórdia "inclusive aos corvos que descansavam no terreno arado". Os três homens na cena seguinte representam diferentes tipos de indiferença religiosa: Simples e Preguiça dependem de falsa segurança e falsa sensação de paz e Presunção de uma falsa autossuficiência.

Vi em meu sonho que Cristão caminhava alegremente até encontrar uma descida, onde viu, a uma pequena distância,[1] três homens dormindo com correntes em seus pés. Os nomes deles eram Simples, Preguiça e Presunção.

Cristão decidiu tentar acordá-los: "Vocês parecem que dormem no topo do mastro, com o mar Morto sob vocês, um abismo sem fim.[2] Despertem e saiam; se estiverem dispostos, lhes ajudarei a tirar suas correntes. Ele também lhes disse: "Se aquele que vem como um 'leão que ruge' se aproximar, certamente vocês se tornarão suas presas."[3] Eles o olharam e começaram a responder desta maneira.

Simples retrucou: "Não vejo nenhum perigo"; Preguiça respondeu: "Deixe-me dormir mais um pouco". Presunção ponderou: "Eu consigo resolver sem sua ajuda!" Deitaram-se e dormiram novamente, Cristão seguiu seu caminho. Entretanto, ficou pensando em como aqueles homens, correndo um perigo iminente, fizeram pouco caso de sua bondade ao oferecer-lhes ajuda graciosamente, tanto para despertá-los, como para os aconselhar e os ajudar a se livrarem das correntes. Enquanto os pensamentos o atormentavam,[4] ele espiou dois homens pulando o muro do lado esquerdo do caminho estreito; e eles se apressaram para alcançá-lo. Seus nomes eram Formalista e Hipocrisia.[5] Eles se aproximaram e começaram um diálogo com Cristão.

CRISTÃO: Cavalheiros, de onde são e para onde vão?

---

1. O primeiro dos perigosos "desvios" que sai do caminho verdadeiro (veja a nota 7 do capítulo 2).
2. Provérbios 23:34.
3. Satanás. Veja 1 Pedro 5:8.
4. O novo cristão preocupa-se com aqueles que estão perdidos e que não conseguem entender sua ignorância.
5. "Formalista" é uma pessoa que pratica os ritos religiosos, mas não possui a verdadeira salvação. Ele pode ser muito sincero, mas sua religião é vã (2 Timóteo 3:5). O hipócrita, entretanto, engana deliberadamente. Bunyan estava tão envolvido com os rituais da igreja que pensou que, por meio deles, encontraria a salvação.

FORMALISTA e HIPOCRISIA: Nascemos na terra de Vanglória e nos dirigimos ao Monte Sião com o propósito de receber a recompensa que tanto merecemos.[6]

CRISTÃO: Por que vocês não entraram pelo portão que está no início do caminho? Não sabem que está escrito que aqueles que não entram pelo portão, mas "sobem por outra parte, esse é ladrão e salteador"?[7]

FORMALISTA e HIPOCRISIA: Para todos os homens do nosso país, o trajeto até o portão é muito longo. Por isso, é comum pegar um atalho e subir pelo muro, como fizemos.

CRISTÃO: Mas isso não será considerado uma transgressão contra o Senhor da cidade para onde vamos, para assim violar sua vontade revelada?

FORMALISTA e HIPOCRISIA: Quanto a isso, não se preocupe; o que fizemos está de acordo com a maneira que costumamos agir, e podemos testemunhar, se necessário, que assim é há milhares de anos.[8]

CRISTÃO: Mas será que esta prática de vocês pode ser sustentada num tribunal?

FORMALISTA e HIPOCRISIA: Esse costume, sendo praticado há milhares de anos, sem dúvida será admitido como legal por um juiz imparcial; e, além disso, se estamos neste caminho o que importa o modo como entramos nele? A verdade é que estamos no caminho certo. Você entrou pelo portão e nós pulamos o muro. De que forma sua condição é melhor do que a nossa?

---

6. A glória humana é vazia (vã) pois não durará eternamente (1 Pedro 1:24). O motivo para ir ao Monte Sião estava completamente equivocado. Os ritualistas e hipócritas apreciam os louvores dos homens.
7. João 10:1.
8. A tradição antiga era a autoridade religiosa. Os puritanos rejeitaram a tradição e decidiram que somente a Bíblia ditaria regras para sua consciência. Bunyan escreveu em *Graça abundante* (Ed. Fiel, 2006): "Por não ter muito conhecimento, caí em muita ansiedade com a religião da época [...] estava tão saturado com o espírito de superstição que adorei [...] tanto a mais alta posição, sacerdote, sacristão, vestuário, culto e tudo que pertencia à igreja." Formalista e Hipocrisia dependiam somente da tradição antiga para apoiar sua chegada à Cidade Celestial.

CRISTÃO: Segui as regras do meu Mestre; vocês entraram pela prática ignorante da própria imaginação. Vocês são considerados ladrões pelo Senhor do caminho, portanto, duvido que sejam avaliados como homens corretos no fim da jornada. Vocês vieram por si mesmos, sem Sua direção e poderão sair por si mesmos sem Sua misericórdia.[9]

Sem argumentos para contestar tais afirmações, os dois sugeriram a Cristão que cuidasse de sua própria vida. Dito isto, cada um continuou o caminho, sem mais conversa entre eles, com exceção do que disseram a Cristão que, assim como ele, também se preocupavam com leis e mandamentos; portanto, não viam nenhuma diferença entre eles a não ser pelo manto que Cristão tinha nas costas, que pensavam ter sido dado a ele por alguns vizinhos para esconder a vergonha de sua nudez.[10]

CRISTÃO: Vocês não serão salvos pelas leis e mandamentos, já que não entraram pela porta.[11] E quanto a este manto em minhas costas, me foi dado pelo Senhor do lugar aonde estou indo, e como vocês mencionaram, é para cobrir minha nudez. É uma demonstração de Sua bondade para comigo, porque antes eu nada possuía, além de trapos. Esta certeza me conforta na jornada. Certamente, creio eu, ao chegar no portão da cidade, o Senhor me reconhecerá, pois tenho Seu manto nas costas, que me foi dado gratuitamente enquanto Ele retirava meus trapos. Caso não tenham notado, carrego uma marca na fronte que um dos servos do meu Senhor colocou quando o fardo caiu dos meus ombros. Além disso, recebi um

---

9. Se não iniciarmos a jornada da forma correta, não poderemos esperar por um final feliz. Entrar por um caminho que não seja a porta estreita é agir como ladrão. Novamente, o autor faz referência a João 10.
10. O manto simboliza a justiça de Cristo recebida pela fé. Há uma diferença entre a justiça divina e a simples moralidade que é religiosa. Cristão passa a explicar que existem outras diferenças: ele tem a marca de Deus na fronte e possui um pergaminho que lhe assegura a salvação. Formalista e Hipocrisia não tinham estas coisas.
11. Gálatas 2:16.

pergaminho selado, que tem se tornado minha leitura reconfortante durante a jornada, e servirá de garantia para minha admissão no Portão Celestial. Mas acho improvável que tenham essas coisas já que não entraram pelo portão.

Eles não responderam aos seus comentários, apenas olharam um para o outro e sorriram. Então, vi que continuaram o caminho, mas Cristão seguiu adiante, conversando consigo mesmo. Algumas vezes soltava um suspiro, outras vezes expressava um semblante de segurança. Ele também lia o rolo que os Seres Resplandecentes lhe deram e era revigorado por sua leitura.

Eles seguiram o caminho até chegar ao Desfiladeiro Dificuldade, onde havia uma fonte.[12] No mesmo lugar, havia dois caminhos além daquele que saía diretamente do portão; um pela direita e outro pela esquerda ao pé da montanha. Mas o caminho estreito subia a montanha e era chamado de Dificuldade. Cristão aproximou-se da fonte,[13] refrescou-se com a água e começou a escalar o monte dizendo:

Eis o alto monte que desejo subir,
A dificuldade não me molestará;
Pois percebo que o caminho da vida está ali.
Vem, encoraje-se, coração, sem fraqueza nem temor;
Melhor, apesar de difícil, o caminho certo a seguir,
Do que o errado, apesar de fácil, onde o fim é a aflição.

Formalista e Hipocrisia também se aproximaram do monte, mas quando viram que era muito íngreme e que havia dois atalhos e, imaginando que no outro lado da montanha esses dois caminhos se encontrariam com aquele que Cristão tinha tomado, decidiram ir

---

12. Este é o segundo dos sete montes mencionados no livro. No início da vida cristã surgem as dificuldades para testar a nossa fé e provar a veracidade da conversão. O caminho certo conduz ao monte, os caminhos errados levam aos caminhos ao redor do monte e terminam no julgamento.
13. Isaías 49:10,11; Salmo 110:7.

por esses caminhos.¹⁴ Um dos atalhos chamava-se Perigo e o outro Destruição. Um escolheu o caminho chamado Perigo, no qual perdeu-se em um terrível bosque. O outro escolheu Destruição, que o levou a um largo caminho cheio de montanhas escuras, onde tropeçou, caiu e não mais se levantou.¹⁵

Será que aqueles que começam errados, terminarão bem?
Será que terão segurança para seus amigos?
Não, não, obstinados partiram,
E sem dúvida finalmente cairão.

Então, vi Cristão subir a montanha. Ele corria, andava, escalava usando as mãos e os joelhos, porque a montanha era muito íngreme. Na metade do caminho, chegou a um refúgio aprazível coberto de árvores e videiras, fornecidos pelo Senhor da montanha para refrigério dos viajantes cansados. Quando Cristão chegou ali, decidiu se sentar e descansar.¹⁶ Então, abriu o pergaminho para ler e encontrar conforto. Também meditou sobre o manto que recebera na cruz. Tudo isto era muito agradável, finalmente ele cochilou, levemente no início até cair em um sono profundo, o que o deteve naquele lugar até ser quase noite. Enquanto dormia, o pergaminho caiu de suas mãos e alguém o acordou, dizendo: "Vai ter com a formiga, ó preguiçoso, considera os seus caminhos e sê sábio."¹⁷ Cristão, de repente, acordou e correu até chegar ao topo da montanha.

Quando alcançou o lugar, dois homens vieram correndo em sua direção. O nome deles era Temeroso e Desconfiança.¹⁸

"Senhores, qual é o problema?", perguntou ele. "Vocês estão correndo para o caminho errado."

---

14. Provérbios 14:12.
15. Jeremias 13:16.
16. Isaías 32:18; 40:31.
17. Tempos de refrigério espiritual são para nos preparar para os desafios da vida, não para conduzir a letargia. Bunyan menciona Provérbios 6:6.
18. O temor e a descrença caminham juntos e tentam escapar das dificuldade e dos perigos.

"Estávamos nos dirigindo à Cidade de Sião e enfrentamos muitas dificuldades nesse desfiladeiro", respondeu Temeroso. "Mas quanto mais longe vamos, mais perigos encontramos, portanto, decidimos voltar."

"Sim", acrescentou Desconfiança, "Ali adiante encontramos um casal de leões, não sabemos se estavam dormindo ou acordados, mas se ficarmos ao alcance deles, seremos feitos em pedacinhos."[19]

CRISTÃO: Suas palavras me assustam, mas onde posso permanecer em segurança? Se eu voltar para o meu país, que enfrenta o fogo e enxofre, certamente perecerei.[20] Se conseguir alcançar a Cidade Celestial, tenho certeza que estarei seguro lá. Preciso ir adiante, mesmo enfrentando riscos e perigos. Voltar significa morte, ir adiante é temer a morte e receber vida eterna como recompensa. Assim, decido seguir em frente.

Temeroso e Desconfiança desceram a montanha correndo e Cristão continuou seu caminho. Mas, pensando sobre o que os homens haviam dito, colocou a mão no bolso do manto para pegar o pergaminho, para então poder lê-lo e ser confortado, mas não estava lá. Ele ficou perplexo e não sabia o que fazer, pois esse pergaminho era o que o aliviava e serviria como passe para entrar na Cidade Celestial. Consequentemente, ficou muito perplexo sobre o que deveria fazer, finalmente, lembrou-se de que adormecera ao lado da montanha; e, então, caindo de joelhos, pediu perdão a Deus por esse ato tolo e voltou para procurar o seu pergaminho.[21] Enquanto retornava, seu coração estava cheio de tristeza. Às vezes suspirava, chorava e se recriminava por ter sido tão tolo ao ponto de cair no sono no local destinado apenas como um breve descanso para recuperar as forças. Por esse motivo, voltou olhando cuidadosamente

---

19. Satanás é comparado a um leão (1 Pedro 5:8), que não dorme. Estes homens estão imaginando o pior, porque não confiam em Deus para o que há de melhor.
20. Hebreus 11:14-16.
21. O pecado de Cristão foi perdoado porque o confessou a Deus (1 João 1:9). Ele não precisa voltar à cruz e converter-se novamente.

para os dois lados durante todo o percurso, esperando encontrar o pergaminho que fora seu conforto em vários momentos da jornada. Mas quando avistava o abrigo, onde tinha sentado e dormido, sua tristeza ressurgiu ao lembrar-se novamente de seu erro. "Miserável homem que sou!", exclamou. "Como pude dormir durante o dia!"[22] Satisfazer minha carne e usar o descanso para curar o corpo no lugar que o Senhor criou apenas para os peregrinos aliviarem a alma! Quantos passos dei em vão! (Assim aconteceu com Israel. Por causa dos seus pecados foram enviados de volta para o caminho do mar Vermelho.)[23] E agora preciso trilhar os passos com tristeza que poderia trilhar com prazer, se não fosse esse sono pecaminoso. O quanto já poderia ter seguido o meu caminho! Em vez disso, devo trilhar esses passos três vezes, em vez de apenas uma vez, sim, agora também provavelmente, serei privado de luz, pois o dia está quase no fim. Ah, se não tivesse eu adormecido!"[24]

Agora, por este tempo, ao se aproximar do abrigo novamente, e por um momento sentou-se e chorou, mas, finalmente como Deus teria feito, Cristão olhou para baixo e viu sob o banco de madeira o seu pergaminho. Rapidamente, o pegou e guardou no manto. Como expressar a alegria que sentiu quando recuperou seu pergaminho? Esse pergaminho era garantia de vida e entrada no destino almejado. Por isto, rendeu louvores a Deus por dirigir seu olhar para o lugar em que estava e, com alegria e lágrimas, voltou à sua jornada.

E como subiu o restante da montanha tão agilmente! No entanto, antes de chegar ao topo, o sol se pôs, e isso o fez lembrar a loucura de seu sono e voltou a se entristecer. "Ó sono pecaminoso, por sua causa, estou privado da luz que ilumina meu caminho! Devo andar

---

22. Romanos 7:24; 1 Tessalonicenses 5:7,8; Apocalipse 2:4,5.
23. A nação falhou em Cades Barneia, e o povo não entrou na Terra Prometida, vagueando no deserto por 40 anos. Veja Números 14.
24. Ele precisou passar por lugares escuros devido à sua desobediência. Apesar de Deus perdoar o pecado, Ele nem sempre muda as consequências.

sem o sol, a escuridão cobre o caminho em que devo andar e devo ouvir o ruído das criaturas da noite por causa do meu sono pecaminoso."[25] Lembrou-se da história que Desconfiança e Temeroso lhe haviam contado sobre os leões. Cristão disse para si mesmo: "Esses animais saem à noite em busca de presas, e se me encontrarem no escuro, como escaparei de ser dilacerado?" Mas enquanto lamentava sua perigosa situação, ele olhou para cima e eis que um palácio imponente estava diante dele. Era chamado o Palácio Belo e ficava bem à sua frente, na estrada.[26]

Depois, vi em meu sonho que ele se apressou com o objetivo de conseguir um lugar no palácio. Mas, antes de alcançá-lo, entrou em uma passagem muito estreita,[27] a uns duzentos passos da guarita.[28] Olhando muito atentamente o caminho, viu dois leões. Agora, pensou, vejo os perigos que fizeram com que Temeroso e Desconfiança recuassem do caminho. (Os leões estavam presos por correntes, mas ele não as via.)[29] Cheio de temor, pensou em retornar pois, aparentemente, a morte estava diante dele. Da guarita, um homem chamado Vigilante[30] observou Cristão indeciso sobre continuar ou não a jornada, e clamou em alta voz: "Sua força é tão pequena?[31] Não tema os leões, pois estão

---

25. Isaías 13:21.
26. Essa é a imagem que Bunyan tem da igreja (Salmo 48:2,13). Note que o palácio está ao lado da estrada e não na própria estrada. Não é necessário ser membro de uma igreja para ser cristão, mas a comunhão na igreja fortalece o Cristão em sua árdua peregrinação. O próprio Bunyan não era denominacionalista, embora alguns grupos gostariam de reivindicá-lo.
27. Os puritanos não permitiam que ser membro da igreja fosse algo fácil. A pessoa deveria dar uma prova de verdadeira salvação antes de ser recebido na comunhão.
28. 220 yards = 201,17 metros.
29. Temeroso e Desconfiança correram de leões acorrentados! Cristão sente medo, mas continua caminhando. E esta perseverança espiritual que prova que ele é um verdadeiro cristão. Veja Provérbios 22:13; 26:13.
30. O porteiro ilustra o trabalho do fiel pastor em cuidar de corações e ajudá-los a participar da comunhão. Veja Hebreus 13:17; Apocalipse 3:2.
31. Marcos 4:40; Provérbios 24:10.

acorrentados. Eles estão aí para testar a fé, e revelar aqueles que não a tem.[32] Permaneça no meio da estrada e nenhum mal sobrevirá a você."

A dificuldade já passou e o medo está à frente,
Apesar de ele estar na montanha, os leões rugem;
Mas o cristão não encontra descanso,
Quando um medo se vai, outro encontrará.

Vi que ele continuou o caminho, temendo os leões, mas observando cuidadosamente às instruções do porteiro. Ele os ouviu rugir, mas eles não lhe causaram qualquer dano. Em seguida, ele bateu palmas e continuou até parar diante da porta onde estava Vigilante, e perguntou: "Senhor, que casa é esta? Posso passar a noite aqui?" Vigilante respondeu: "Esta casa foi construída pelo Senhor da montanha, e ele a construiu para alívio e segurança dos peregrinos." Vigilante também perguntou de onde ele vinha e onde pretendia chegar.

CRISTÃO: Sou da Cidade da Destruição e quero chegar até Monte Sião. Mas a noite aproximou-se e gostaria de ficar aqui esta noite, se me permitir.

VIGILANTE: Qual é o seu nome?

CRISTÃO: Meu nome agora é Cristão, mas antes me chamavam de Ímpio. Sou descendente de Jafé, o qual Deus convencerá a habitar nas tendas de Sem.[33]

VIGILANTE: Mas por que chegou tão tarde? O sol já se pôs.[34]

---

32. Tiago 1:3; 1 Pedro 1:7.
33. Noé teve três filhos: Sem, Cão e Jafé. Deus prometeu bênçãos espirituais a Sem (ancestral dos judeus), e disse que os descendentes de Jafé (os gentios) "habitariam nas terras de Sem" (Gênesis 9:27) isto é, poderiam compartilhar as bênçãos espirituais de Israel. Por meio de Abraão todas as nações gentias foram abençoadas (Gênesis 12:1-3). Isso foi cumprido em Cristo (Gálatas 3:1-18).
34. Ao perder o pergaminho, Cristão atrasou sua jornada. Essa descrição é autobiográfica. Bunyan tinha 25 anos antes de ser membro da igreja em Bedford, pastoreada por John Gifford.

CRISTÃO: Eu estaria aqui mais cedo, mas "desventurado homem que sou!"[35] Dormi no abrigo da encosta da montanha; mesmo com essa soneca, teria chegado mais cedo, mas, ao chegar ao cume da montanha, percebi que havia perdido o pergaminho e vim sem ele até a borda da montanha. Procurei-o e não o encontrei, então, fui forçado a voltar para o lugar em que dormira. Encontrei-o e agora estou aqui.

VIGILANTE: Bem, de acordo com as regras da casa, chamarei uma das virgens. Se gostar das suas palavras, ela o apresentará para o restante da família.[36]

Então, Vigilante, o porteiro, tocou o sino e uma jovem linda e discreta, por nome Discrição, apareceu e perguntou por que a chamavam.[37]

O porteiro respondeu: "Este homem está em uma jornada da cidade da Destruição para Monte Sião. Ele está cansado e já está escuro, portanto, pediu-me permissão para ficar aqui esta noite. Eu lhe respondi que, de acordo com as regras da casa, você decidiria o que fazer."

Discrição, então perguntou-lhe de onde era e para onde ia; e ele lhe disse. Ela também lhe perguntou como entrou no caminho; e ele lhe disse. Em seguida, lhe indagou o que tinha visto e encontrado no caminho; e ele respondeu. Finalmente, ela quis saber seu nome e ele explicou: "Meu nome é Cristão e tenho o desejo ainda maior de permanecer aqui esta noite, porque, pelo que posso ver, este

---

35. Outra referência a Romanos 7:24. A experiência de Paulo descrita nesse capítulo faz paralelo com a própria experiência de frustração, derrota e, finalmente, a vitória em Cristo que Bunyan viveu.
36. A igreja é uma família e seus membros entrevistaram Cristão para descobrir a veracidade de sua profissão de fé. Para os puritanos, participar do rol de membros não era algo automático; o candidato precisa mostrar evidências de sua conversão. Ao referir-se a essas pessoas como virgens, Bunyan provavelmente faz referências a Salmo 45:14; Cântico dos Cânticos 1:3; Mateus 25:1-13, em que as virgens estão intimamente associadas à Igreja e a Cristo. A palavra virgem também simboliza sua pureza moral.
37. Provérbios 2:11.

lugar foi construído pelo Senhor da montanha para alívio e segurança dos peregrinos." Discrição sorriu, mas havia lágrimas em seus olhos, e depois de uma pequena pausa, ela respondeu: "Vou chamar mais duas ou três pessoas da família." Então, ela correu para a porta e chamou Prudência, Piedade e Caridade.[38] Depois de conversarem mais um pouco, o receberam na família. Muitos deles o receberam na entrada da casa, dizendo: "Entra, bendito do SENHOR;[39] esta casa foi construída pelo Senhor da montanha para receber peregrinos como você."

Ele baixou a cabeça e seguiu-os para dentro da casa.[40]

Depois de entrar e sentar-se, eles lhe deram algo para beber. Até que o jantar estivesse pronto, decidiram ter uma conversa espiritual com ele, fazendo bom uso do tempo.[41] Escolheram Piedade, Prudência e Caridade para conversar com ele.

PIEDADE: Aproxime-se, bom Cristão, já que fomos gentis em recebê-lo em nossa casa esta noite, queremos falar sobre todas as coisas que têm lhe acontecido em sua peregrinação.

CRISTÃO: Ficarei muito feliz em falar a respeito.

PIEDADE: O que aconteceu para que você assumisse esta vida de peregrino?[42]

---

38. Estas virtudes deveriam caracterizar todos os cristãos. Caridade significa "amor", não apenas auxílio aos necessitados.
39. Este foi o modo como Labão cumprimentou o servo de Abraão em Gênesis 24:31.
40. A igreja geralmente é retratada no Novo Testamento como uma casa ou templo construído pelo Senhor. Veja Mateus 16:18; 1 Coríntios 3:9-17; Efésios 2:19-22; 1 Pedro 2:5-10.
41. "Debates Espirituais" eram uma prática comum entre os puritanos (Malaquias 3:16). Foi a conversa espiritual de algumas senhoras em Bedford, por acaso ouvidas por Bunyan que o ajudaram a encontrar a salvação. Esta conversa também representa o tipo de análise pessoal pelo qual passavam os candidatos a membros da igreja naquela época.
42. Piedade indagou sobre questões que representavam ações exteriores de Cristão. Entretanto, ele falou sobre o que ouviu, sentiu e observou. Em seguida, Prudência pergunta sobre os motivos interiores de sua decisão e Caridade concentra-se em seu amor por seu lar. De modo geral, Piedade lida com os acontecimentos de sua vida, Prudência com os motivos e Caridade quer saber como superou os obstáculos no caminho.

CRISTÃO: Saí do meu país natal porque ouvi algo terrível. Ouvi que uma destruição inevitável me esperava se continuasse vivendo ali.

PIEDADE: Mas como isso aconteceu para sair do país desta maneira?

CRISTÃO: Foi obra de Deus, pois não sabia para onde ir. Enquanto tremia e chorava temendo a destruição, um homem chamado Evangelista se aproximou e me mostrou o portão estreito. De outra maneira, nunca o encontraria. E assim, ele me colocou no caminho que me trouxe diretamente a esta casa.

PIEDADE: Mas você não passou pela casa de Intérprete?

CRISTÃO: Sim, as coisas que vi permanecerão na minha mente enquanto viver. Três coisas em especial: como Cristo, a despeito de Satanás, mantém Sua palavra da graça no coração; como o pecado humano é tão grande que não merece a misericórdia de Deus; e também o seu sonho de que o dia do julgamento tinha chegado.

PIEDADE: Você ouviu o homem falar sobre o sonho dele?

CRISTÃO: Sim, foi uma descrição horrível. Meu coração ficou aflito enquanto ouvia o relato, mas ao mesmo tempo, sou grato pela oportunidade.

PIEDADE: Isso foi tudo que viu na casa de Intérprete?

CRISTÃO: Não. Ele me mostrou um palácio imponente, no qual as pessoas se vestiam com ouro, e enquanto estávamos lá um homem aventureiro veio e passou pelo meio dos homens armados que estavam à porta para mantê-lo fora, e foi-lhe dito para vir e conquistar a glória eterna. Enchi-me de alegria e prazer ao ver estas coisas e teria ficado na casa do homem por um ano, só que eu sabia que precisava seguir minha jornada.

PIEDADE: O que mais você viu no caminho?

CRISTÃO: Bem, só havia caminhado um pouco, quando vi um homem sangrando, pendurado em uma cruz. A própria visão dele fez meu fardo cair das minhas costas (pois estava carregando um fardo muito pesado). Nunca antes tinha visto algo assim! E enquanto olhava para cima e não conseguia parar de olhar, três Seres Resplandecentes se aproximaram. Um deles declarou que os meus pecados estavam perdoados; outro tirou meus trapos e deu-me este manto bordado;[43] e o terceiro fez a marca que você vê na minha testa e me deu este pergaminho selado. (E com isso o puxou para fora do manto.)

PIEDADE: Mas você viu mais coisas que isto, não é?

CRISTÃO: Esses foram os melhores momentos, mas presenciei mais coisas. Vi três homens: Simples, Preguiça e Presunção, adormecidos no canto do caminho com correntes nos pés, mas você acha que eu poderia despertá-los? Também vi Formalidade e Hipocrisia pulando o muro, pois pretendiam ir a Monte Sião, mas se perderam rapidamente. Tentei avisar, mas não me ouviram. Mas acima de tudo, trabalhei arduamente até chegar a este monte, foi um trajeto tão difícil quanto passar pelos leões, e acredito que se não fosse o bom porteiro que permanece no portão, provavelmente teria regressado. Mas graças a Deus estou aqui e agradeço por me receberem.

Em seguida, Prudência fez-lhe algumas perguntas.

PRUDÊNCIA: Você em algum momento pensa no país do qual veio?

CRISTÃO: Sim, mas com muita vergonha e desprezo. Se realmente sentisse falta do país que deixei, poderia ter retornado; mas agora desejo uma pátria melhor, a celestial.[44]

PRUDÊNCIA: Você ainda carrega algumas coisas de lá que lhe atraíam?[45]

---

43. O sumo sacerdote judeu usava uma linda túnica bordada (Êxodo 28:4). Todos os que confiam em Jesus Cristo como Salvador são sacerdotes de Deus (1 Pedro 2:5,9). Em Ezequiel 16:10,13,18, a "túnica bordada" simboliza o amor de Deus por Seu povo ao cobrir suas vergonhas e perdoá-los.
44. Hebreus 11:15,16.
45. Em outras palavras, "Você ainda não está perfeito?" Salvação não significa que Cristão seja perfeito em si, mas que foi aceito por Cristo. Existem muitas áreas de fraqueza e pecado que precisam ser superadas.

CRISTÃO: Sim, mas luto ferozmente contra a minha vontade, especialmente os pensamentos carnais, com os quais todos os meus compatriotas e eu mesmo, nos deliciávamos. Agora, todas essas coisas são penosas e se pudesse não pensaria nelas novamente, mas quanto mais me esforço, mais vulnerável me sinto.[46]

PRUDÊNCIA: Você não percebe que algumas vezes essas coisas podem ser vencidas?

CRISTÃO: Sim, embora seja raro. Mas quando isso acontece, é precioso para mim.

PRUDÊNCIA: Você recorda que meios usou para vencer estas coisas que o atormentam?

CRISTÃO: Sim, quando penso no que vi naquela cruz, venço; quando olho meu manto bordado, venço; e quando olho o pergaminho que carrego, venço. E quando penso no destino final, também sou vitorioso.[47]

PRUDÊNCIA: E o que mais o motiva para chegar ao Monte Sião?

CRISTÃO: Ora, quero ver Aquele que foi morto na cruz, ressuscitado e ali espero livrar-me de todas aquelas coisas que até hoje são um incômodo para mim. Lá, eles dizem, não existe a morte,[48] e encontrarei os melhores companheiros. Para dizer-lhe a verdade, eu o amo, pois Ele aliviou meu fardo e estou cansado de minha enfermidade interior. Quero estar onde viverei para sempre e na companhia daqueles que clamam continuamente: "Santo, Santo, Santo!"[49]

Então Caridade perguntou a Cristão: "Você tem uma família? É casado?"

---

46. Uma alusão a Romanos 7:15-21.
47. Aqui Bunyan nos dá sua visão sobre santificação, ou seja, de como um cristão pode ter uma vida aprovada por Deus. Ele mostra quatro incentivos para uma vida cristã: a cruz, a justificação (o manto), a certeza de salvação (pergaminho) e a expectativa da eternidade. Estes quatro incentivos definitivamente fazem parte da teologia dos puritanos.
48. Apocalipse 21:4; Isaías 25:8.
49. Isaías 6:3; Apocalipse 4:8.

CRISTÃO: Tenho esposa e quatro filhos pequenos.[50]

CARIDADE: Por que você não os trouxe?

Chorando, Cristão respondeu: "Ah, como desejaria ter feito isso, mas eles foram totalmente contra a minha peregrinação."

CARIDADE: Mas você deveria ter conversado com eles e tentado mostrar o perigo de serem deixados para trás.

CRISTÃO: Eu tentei. Disse-lhes que Deus me mostrou a destruição da nossa cidade, mas acharam que eu estava louco e não acreditaram em mim.[51]

CARIDADE: Você orou e pediu a Deus que agisse por seu intermédio enquanto os aconselhava?

CRISTÃO: Sim, com muito amor. Minha esposa e filhos são muito queridos por mim.

CARIDADE: Você falou sobre sua tristeza e medo da destruição?

CRISTÃO: Sim, constantemente. Eles viam a expressão de medo em meu semblante, lágrimas e temor por causa da minha apreensão pelo julgamento que pairava sobre nossa cabeça. Mas não foi suficiente para convencê-los a me acompanhar.

CARIDADE: O que eles disseram? Por que não quiseram vir?

CRISTÃO: Bem, minha esposa teve medo de perder este mundo, meus filhos estavam ocupados com os tolos prazeres da juventude, por isso, por causa de uma coisa e outra, me deixaram sozinho nesta jornada.

CARIDADE: Será que, talvez, eles estivessem confusos porque sua vida não correspondia à suas palavras ao tentar convencê-los a vir com você?

---

50. Quando *O Peregrino* foi publicado, Bunyan era casado e tinha dois filhos e duas filhas.
51. Quando Ló tentou alertar a família que Sodoma seria destruída, ele "foi tido, porém, por zombador" (Gênesis 19:14).

CRISTÃO: Na verdade, não posso elogiar minha vida, pois sou consciente de minhas inúmeras falhas, e sei que um homem pode danificar seu testemunho com um mau comportamento. No entanto, posso dizer que era muito cuidadoso, para que alguma ação imprópria afastasse o desejo de eles me acompanharem na peregrinação. Na verdade, minha família me dizia que eu era muito correto e que me negava a certas coisas por causa deles, nas quais eles não viam mal algum. Não, penso que posso dizer que se viram algo em mim que lhes prejudicou, isto foi a minha grande sensibilidade sobre pecar contra Deus ou de fazer algum mal ao meu vizinho.

CARIDADE: Na verdade, Caim odiava seu irmão "porque as suas obras eram más, e o irmão era justo". Provavelmente sua esposa e filhos sentiram-se ofendidos e não ficaram satisfeitos com sua bondade, e "tu livraste a tua alma" do seu sangue.[52]

Vi em meu sonho que continuaram conversando enquanto o jantar era preparado e, em seguida, assentaram-se para comer.[53] A mesa está posta com um banquete de alimentos ricos e com um bom vinho,[54] e toda conversa ao redor da mesa era sobre o Senhor da montanha; ou seja, sobre o que ele tinha feito, por que fez o que fez, e por que tinha construído aquela casa. E pelo que disseram, percebi que ele fora um grande guerreiro, lutou e derrotou "aquele que tem o poder da morte", arriscando sua própria vida e isso me fez amá-lo mais.[55]

Pois, como disseram, e eu acredito (disse Cristão), Ele o fez com a perda de muito sangue, e o que colocou a glória da graça em tudo o que realizou, foi que Ele o fez por puro amor. E, além disso, alguns da

---

52. Veja 1 João 3:12; Gênesis 4:1-15; Ezequiel 3:19.
53. Tal cena representa a Ceia do Senhor, ou Comunhão praticada nas igrejas puritanas. Era considerada uma simples refeição, não um ritual ou sacramento. Seu objetivo era lembrar o Senhor e glorificá-lo (Lucas 22:19; 1 Coríntios 11:24). Os puritanos não ensinavam que a Comunhão era necessária para a salvação.
54. Isaías 25:6.
55. Hebreus 2:14,15.

família disseram que haviam estado e falado com Ele desde que morrera na cruz; e eles confirmaram que tinham ouvido de Seus próprios lábios que Ele amava os pobres peregrinos, e amor igual não poderia ser encontrado desde o oriente até o ocidente.

Eles deram um exemplo disto, Ele mesmo tinha se despojado de Sua glória para alcançar os necessitados;[56] e o ouviram dizer e afirmar que Ele não moraria em Monte Sião sozinho. Disseram, ainda, que por Seu intermédio, muitos peregrinos que nasceram mendigos e, por natureza, estavam destinados à lama, se tornaram príncipes.[57]

E assim, conversaram até tarde da noite. Depois de orarem juntos pedindo a proteção de seu Senhor, foram para a cama. Eles colocaram o peregrino em um grande quarto superior,[58] onde as janelas estavam abertas em direção ao nascer do sol. O nome do aposento era Paz. Cristão dormiu até o raiar do dia, quando acordou e cantou:

> *Onde estou?*
> *É este o amor e o cuidado de Jesus aos peregrinos?*
> *Que concede o perdão!*
> *E me aproxima da eternidade!*

Ao amanhecer, todos se levantaram. Depois de passarem um tempo conversando, aconselharam Cristão a não viajar antes de conhecer as várias salas do palácio.[59] Primeiro, eles o levaram para a sala de estudos, onde lhe mostraram registros muito antigos, em que, como lembro no meu sonho, mostraram a genealogia do Senhor da montanha, que era o filho do Ancião de Dias,[60] e veio por meio de uma

---

56. Uma alusão a Filipenses 2:5-11.
57. Veja 1 Samuel 2:8; Salmo 113:7.
58. Marcos 14:15.
59. Os diversos quartos ilustram vários aspectos da vida cristã. A visita iniciou o estudo porque o conhecimento da Palavra de Deus é fundamental para o restante da jornada. Bunyan foi um grande amante de sua Bíblia.
60. O nome do Senhor. Veja Daniel 7:9,13,22.

geração eterna.⁶¹ Aqui também estavam registrados todos os atos dele e os nomes de centenas de pessoas que trabalharam em Seu serviço, e como Ele os colocou em habitações que nem o tempo nem a morte poderiam destruir.

Nessa altura, leram para ele algumas ações dignas, praticadas por alguns de seus servos: como "subjugaram reinos, praticaram a justiça, obtiveram promessas, fecharam a boca de leões, extinguiram a violência do fogo, escaparam ao fio da espada, da fraqueza tiraram força, fizeram-se poderosos em guerra, puseram em fuga exércitos de estrangeiros".⁶²

Eles, a seguir, mostraram, em outra parte dos registros da casa, como o Senhor desejava receber seus queridos, mesmo aqueles que, no passado, o tinham desafiado. Cristão também ouviu outras histórias famosas, antigas e modernas, com profecias e previsões para o futuro, tanto para o medo e espanto dos inimigos como para o conforto e consolo dos peregrinos.

No dia seguinte, eles o levaram para a sala de armas, onde lhe apresentaram todos os equipamentos que seu Senhor fornecia aos peregrinos, como espada, escudo, capacete, couraça, todos os tipos de orações e sapatos que não se desgastam.⁶³ Seria o suficiente para equipar tantos homens para o serviço do seu Senhor, quanto o número das estrelas no Céu.

Eles também lhe exibiram alguns dos instrumentos que seus servos usaram para realizar coisas maravilhosas. Mostraram-lhe o cajado de Moisés, o martelo e o prego com que Jael matou Sísera, os cântaros, trompetes e lâmpadas com que Gideão venceu os exércitos de Midiã.

---

61. Um termo teológico que refere-se ao relacionamento entre Jesus Cristo e Deus, o Pai. Se Jesus é Deus eterno, então como Ele pode ser o Filho de Deus? Quando foi gerado? Os ortodoxos respondem que Ele foi "gerado eternamente" pelo pai, não foi um ser criado; portanto, é Deus e Deus Filho. Os puritanos eram teólogos cuidadosos, e Bunyan poderia debater com o melhor deles!
62. Hebreus 11:33,34.
63. Deuteronômio 29:5; Efésios 6:13.

Ali, lhe apresentaram a aguilhada de boi com que Sangar matou 600 homens, a queixada com que Sansão realizou atos poderosos, a funda e a pedra que Davi usou para matar Golias, e a espada com que o seu Senhor matará o Homem de Pecado. Além de tudo isto, mostraram-lhe muitas coisas excelentes com que Cristão ficou radiante e feliz. Feito isto, todos foram novamente para cama.[64]

Ele pretendia continuar a jornada no dia seguinte, mas eles queriam que ficasse mais um dia. "Se o dia estiver ensolarado", disseram, "vamos mostrar as Montanhas das Delícias, as quais lhe acrescentarão mais conforto, pois estão mais perto do seu destino do que este lugar". Então ele consentiu e ficou.[65]

Ao amanhecer o levaram ao topo da casa e lhe pediram que olhasse para o sul. E ele viu a uma grande distância um país montanhoso, bonito, com bosques, vinhas, frutos e flores de todos os tipos, nascentes e fontes, tudo maravilhoso de se ver. Ele perguntou o nome do país, e lhe disseram: "É a Terra de Emanuel, e que pertence a todos os peregrinos, assim como este monte. E quando você chegar lá, conseguirá ver o portão da Cidade Celestial."[66]

Agora, ele achou que deveria partir e eles desejavam que o fizesse. "Mas, primeiro", disseram, "vamos novamente à sala das armas". E assim o fizeram, lá o equiparam da cabeça aos pés, para o caso de surgir ataques no caminho. Com as novas vestes, os amigos o acompanharam

---

64. O cajado de Moisés (Êxodo 4:2); Jael (Juízes 4:18); Gideão (Juízes 6–7); Sangar (Juízes 3:31); queixada de jumento (Juízes 15:15); Davi (1 Samuel 17). O "homem do pecado" é descrito em 2 Tessalonicenses 2; Apocalipse 13:1-10. Ele é o futuro "ditador mundial" de Satanás, que lutará com Cristo. O Senhor o derrotará com sua espada, assim como Davi matou Golias com a espada (Apocalipse 19:15). Na época de Bunyan, a frase "homem do pecado" também se referia ao papa, por causa da perseguição dos romanos aos cristãos. Você pode encontrar esta declaração no prefácio da Bíblia *King James*.
65. A visão das bênçãos futuras encoraja o cristão nas provações da vida.
66. Veja Isaías 33:17. Emanuel significa "Deus conosco" (Mateus 1:23) "Terra de Emanuel" refere a Terra Santa (Isaías 8:8), mas Bunyan usa para mencionar o Céu.

até o portão, e lá ele perguntou ao porteiro se este tinha visto um peregrino passar. O porteiro respondeu afirmativamente.

CRISTÃO: Você o conhece?

PORTEIRO: Ele me disse que seu nome era Fiel.[67]

CRISTÃO: Eu o conheço. Ele vem do lugar onde nasci e era meu vizinho. Será que ele está muito longe?

PORTEIRO: Neste momento, deveria estar ao pé da montanha.

CRISTÃO: Certo, bom Porteiro, que o Senhor esteja com você e o abençoe grandemente pela bondade que demonstrou para comigo.

Então, ele começou a seguir seu caminho, mas Discrição, Piedade, Caridade e Prudência quiseram acompanhá-lo até ao pé da montanha. Eles foram juntos, relembrando as conversas anteriores, até que começaram a descer a montanha. E Cristão comentou: "Assim como foi difícil subir, pelo que posso ver, será perigoso descer."

"Sim realmente é", concordou Prudência, "por isso é difícil para um homem descer para o Vale da Humilhação, que é seu novo destino, foi por isso que decidimos acompanhá-lo."[68] Em seguida ele começou a descer, com muito cuidado, mas escorregou uma ou duas vezes.

Depois, vi no sonho que, quando Cristão chegou na parte inferior da montanha, estes bons companheiros lhe deram um pão, uma garrafa de vinho, e uma porção de passas. E então ele seguiu o seu caminho.

---

67. Ele será a companhia de Cristão até alcançarem a Feira da Vaidade. Lá Fiel será martirizado. É interessante que Fiel não se detém no Palácio Belo. Bunyan sugere que nem todos os cristãos se unem a igrejas locais.
68. Não é fácil para nós nos humilharmos e "descer o monte". Os cristãos devem ajudar uns aos outros e recordar os ensinamentos divinos. O Vale da Humilhação representa as provas e dificuldades específicas que Satanás nos envia.

Onde estou?
É este o amor e o cuidado
de Jesus aos peregrinos?
Que concede o perdão!
E me aproxima da eternidade!

CAPÍTULO 5

AO ENTRAR NO VALE DA HUMILHAÇÃO, *Cristão come o alimento que Discrição, Piedade, Caridade e Prudência lhe deram. Ele comerá desta comida novamente, mais tarde, depois de derrotar Apolião. O pão e vinho nos lembram a Ceia do Senhor, símbolos de Sua morte. Cristão recebe força espiritual "alimentando-se do Senhor".*

Durante essa parte do seu percurso, Cristão encontra Apolião, "O Destruidor" (Apocalipse 9:11), que é o terceiro dos tradicionais inimigos: o mundo, a carne e o Inimigo. Cristão encontra o mundo no Desfiladeiro da Dificuldade, a carne quando dormiu no abrigo na encosta da montanha, e agora precisa lutar contra as forças de Satanás.

Aqui ele também entra no Vale da Sombra da Morte. Não a morte física, mas a experiência de medo e horror que os cristãos, às vezes, têm nesta vida. A estrada para a Cidade Celestial, muitas vezes leva Cristão a vales profundos de dificuldade.

No Vale da Humilhação, o pobre Cristão enfrentou grandes dificuldades, pois, em pouco tempo de caminhada, uma criatura demoníaca chamada Apolião cruzou o campo em sua direção. Cristão começou a sentir medo e a se perguntar se deveria voltar ou permanecer onde estava. Mas percebeu que não tinha nenhuma armadura em suas costas, portanto, virar-se daria uma grande vantagem à criatura, e facilmente seria atingido pelas flechas.[1] Portanto, decidiu dar a si mesmo uma chance e permanecer firme. "Essa é a única maneira de salvar minha vida", pensou ele.

Ele continuou o caminho até encontrar-se com Apolião. Agora, o monstro era horrendo: estava vestido com escamas como um peixe (e elas eram seu orgulho); tinha asas de dragão e pés de urso; de sua barriga saía fogo e fumaça; e sua boca parecia a boca de um leão.[2] Ele olhou para Cristão com desprezo e começou a questioná-lo.[3]

APOLIÃO: De onde vem e para onde vai?

CRISTÃO: Venho da Cidade da Destruição, a terra de todo mal, e vou para a Cidade de Sião.

APOLIÃO: Pelo que vejo, você é um dos meus súditos, pois todo o país é meu, e eu sou seu príncipe e deus.[4] Como é que você foge do

---

1. A armadura espiritual é mencionada em Efésios 6:13. Bunyan vê a importância de permanecer firme contra o inimigo e não fugir. Em sua primeira prisão, poderia ter evitado a acusação, mas escolheu permanecer fiel ao Senhor. Veja também Efésios 6:16.
2. Ao compor a criatura, Bunyan inspirou-se em Jó 41:15; Daniel 7:5; 1 Pedro 5:8; Apocalipse 9:17; 12:3; 13:2. A canção que Cristão reproduz depois de derrotar Apolião, indica que ele não era Satanás, mas um enviado pelo "Grande Belzebu". O texto de Apocalipse 9:11 fala, porém, que Apolião é o "anjo do abismo", isso sugere que seja Satanás.
3. Apolião usa todos os argumentos que pode reunir para reconquistar a fidelidade de Cristão. Primeiramente, ele o proclama súdito de seu reino. Em seguida, faz promessas e pede que Cristão reconsidere. Quando as tentativas falham, ele o acusa de ser infiel ao Senhor devido às falhas do passado. Finalmente, o ataca fisicamente. Primeiro Satanás vem como uma serpente para nos derrotar (2 Coríntios 11:3); depois, como um dragão e um leão devorador (1 Pedro 5:8).
4. Satanás é chamado de "príncipe deste mundo" em João 12:31; 14:30; 16:11; e "deus deste século" em 2 Coríntios 4:4.

seu rei? Se não há esperança que você seja meu servo, eu o ferirei com um só golpe.

CRISTÃO: Embora haja nascido em seus domínios, o serviço é pesado e o salário é pouco para o sustento de um homem, "porque o salário do pecado é a morte". Por isso, quando amadureci fiz aquilo que as pessoas ponderadas fazem: procurei meios para crescimento pessoal.[5]

APOLIÃO: Nenhum príncipe desiste de seus súditos facilmente, e não quero perdê-lo. Mas já que reclamou sobre seu trabalho e o salário, se estiver disposto a voltar, prometo dar a você o que nosso país tem a oferecer.[6]

CRISTÃO: Mas já me rendi a outro, o Rei dos reis. Então, como posso cometer tanta injustiça e voltar para você?

APOLIÃO: Como diz o provérbio, você "vai de mal a pior". Mas isso é comum àqueles que professaram ser Seus servos: escorregar e voltar para mim. Se fizer isso também, será muito bem recebido.

CRISTÃO: Entreguei-lhe minha fé e jurei fidelidade a Ele. Se aceitasse seu pedido, não mereceria eu ser enforcado como um traidor?

APOLIÃO: Você fez o mesmo comigo e continuo disposto a esquecer seu erro se voltar agora.

CRISTÃO: O que prometi o fiz na inocência da juventude e imaturidade. Sei que o Príncipe sob o qual levo a bandeira é capaz de me absolver e perdoar o acordo que fiz com você. Além de tudo, Apolião destruidor, para falar a verdade gosto da obra que pertence a Ele, gosto de Seu salário, de Seus servos, de Seu governo, de Sua companhia e o país dele é melhor do que o seu.[7] Portanto, pare de tentar persuadir-me, sou servo dele e irei segui-lo.

---

5. Veja Efésios 2:1-3; Romanos 6:23.
6. Na época de Bunyan um cidadão precisava de uma licença para deixar o reino. Nenhum rei desistia de seus súditos facilmente, pois eles significavam impostos e trabalho.
7. Esta lista de vantagens refere-se a admiração da Rainha de Sabá por Salomão e sua corte (1 Reis 10:1-10).

APOLIÃO: Quando estiver mais calmo, considere novamente o que provavelmente encontrará ao longo do caminho que você está seguindo. Você sabe que, em sua maior parte, Seus servos chegam a um desfecho ruim porque estão contra mim e meus caminhos. Quantos deles passaram pela morte vergonhosa! Você diz que Seu serviço é melhor do que o meu, mas Ele jamais veio e os livrou dessa morte. Mas quanto a mim, tantas vezes, como todo o mundo sabe, livrei, por força ou por estratagemas, meus servos fiéis dele e de Sua influência. Logo, também posso livrar você.

CRISTÃO: No presente, propositalmente, ele não livra Seus servos para provar se eles serão fiéis a Ele até o fim. Embora você diga que eles estão destinados a um fim terrível, na verdade tem sido um crédito glorioso para eles, pois eles de fato não esperam a libertação aqui, eles anseiam pela glória que terão quando seu Príncipe voltar em Sua glória com os anjos.[8]

APOLIÃO: Você já foi infiel ao realizar Seu serviço. Como você acredita que receberá dele sua recompensa?

CRISTÃO: Em que, Apolião, fui infiel a Ele?

APOLIÃO: Você perdeu a coragem quando partiu e quando caiu no Pântano da Desconfiança; em seguida, tentou se livrar do fardo com suas próprias forças, em vez de esperar até que seu Príncipe o tomasse; você dormiu pecaminosamente e perdeu o seu pergaminho; quase desistiu do caminho para evitar os leões; e ainda quando você contou sobre sua viagem, o que ouviu e viu, procurando interiormente a sua própria glória em tudo o que diz e faz.[9]

CRISTÃO: Tudo isso é verdade, e você ainda esqueceu outras coisas; mas o Príncipe a quem sirvo e honro é misericordioso e pronto a perdoar.[10] E, além disso, essas falhas eu as adquiri em seu país, fui

---

8. Mateus 25:31.
9. Satanás é o acusador que relembra nossos pecados passados (Zacarias 3:1-5; Apocalipse 12:10,11).
10. Salmo 86:5.

vencido e sofri por causa dos meus pecados, mas obtive perdão do meu Príncipe.

Então, Apolião rompeu em uma terrível fúria, dizendo: "Sou inimigo do Príncipe. Eu o odeio, odeio Suas leis e Seu povo; vim com o objetivo de opor-me a você."

CRISTÃO: Apolião, cuidado com o que faz, estou no caminho do Rei, o caminho da santidade; portanto, esteja atento.[11]

Então, Apolião esparramou-se por todo o caminho e disse: "Não tenho medo. Prepare-se para morrer. Eu juro por todos os meus poderes que você não irá adiante, aqui derramarei seu sangue."

E com isso atirou um dardo flamejante em seu peito, mas Cristão tinha um escudo em sua mão, com o qual o apagou e impediu que fosse atingido.

Cristão afastou-se, pois viu que era hora de agir. Apolião veio contra ele, jogando dardos tão grossos como granizo, que, apesar de tudo o que Cristão fez para evitá-los, foi ferido na cabeça, nas mãos e nos pés.[12] Isto fez Cristão contra-atacar. Apolião continuou seu ataque e, novamente, Cristão tomou alento e resistiu corajosamente o quanto lhe foi possível. Este combate durou mais da metade de um dia, até Cristão ficar quase esgotado, pois suas feridas o enfraqueciam mais e mais.

Apolião, vendo que essa era sua oportunidade, começou a se aproximar de Cristão, e lutando com ele, deu-lhe um terrível golpe; a espada de Cristão voou de sua mão. Então, Apolião disse: "Você é meu." E com isso quase o pressionou até a morte, de modo que

---

11. "A estrada real" foi uma importante rota comercial mencionada na Bíblia (Números 20:17-19; 21:22; Deuteronômio 2:27). Foi a rota que Israel desejava usar durante a peregrinação no deserto. "O caminho de santidade" está em Isaías 35:8. O fato de que Cristão estava na estrada do Rei significa que ele estava sob proteção do Senhor, entretanto, Satanás foi alertado a ser cuidadoso.
12. A cabeça significa compreensão; a mão, fé em Deus; o pé, comportamento ou caminhada. Talvez Cristão tenha perdido seu capacete e os sapatos, por isso essas áreas tornaram-se vulneráveis. Satanás deseja atacar o cristão nessas três importantes áreas. Veja Levítico 8:23,24.

Cristão começou a lutar pela vida.[13] Mas, como Deus teria feito, enquanto Apolião se preparava para dar o último golpe, acabando com a vida desse bom homem, Cristão agilmente estendeu a mão e pegou sua espada, dizendo: "Não se alegre meu inimigo, quando caio ainda posso levantar-me", e com isso deu-lhe uma estocada mortal, que o fez se afastar como alguém que recebe um ferimento fatal.[14] Quando Cristão viu isso, aproximou-se novamente, dizendo: "Mas em todas estas coisas somos mais que vencedores, por meio daquele que nos amou."[15] E com isso, Apolião abriu as asas de dragão e fugiu, de modo que Cristão não o viu mais por um tempo.[16]

Se não o tivesse visto e ouvido, ninguém conseguiria imaginar este combate: que o brado e o rugido horrível de Apolião durante a luta, soavam como a voz de um dragão;[17] e do outro lado, que a explosão de suspiros e gemidos vinham do coração de Cristão. Nunca o vi mostrar sequer uma expressão de prazer, até vê-lo ferir Apolião com a espada de dois gumes.[18] Ele sorriu e olhou para cima. Nunca vi uma luta tão medonha.

> *Luta mais injusta dificilmente pode ocorrer,*
> *Cristão deve lutar contra um anjo.*
> *Homem valente com a espada e o escudo*
> *Faz o dragão abandonar a arena.*

Quando a batalha terminou, Cristão disse: "Dou graças Àquele que me livrou da boca do leão e me ajudou a lutar contra Apolião."[19] Ele o fez com estas palavras:

---

13. 2 Coríntios 1:8.
14. Veja Miqueias 7:8. A espada é a Palavra de Deus (Efésios 6:17). Quando Satanás tentou o Senhor, Jesus usou a Palavra para derrotá-lo (Mateus 4:1-11). O grande dragão descrito em Apocalipse sofreu feridas mortais (Apocalipse 13:3,12,14).
15. Romanos 8:37-39; Tiago 4:7.
16. Veja Lucas 4:13. Lemos literalmente "até momento oportuno", ou seja, até o momento mais adequado. Satanás espera pacientemente o momento certo para atacar.
17. Apocalipse 13:11.
18. Hebreus 4:12.
19. 2 Timóteo 4.17.

> *Belzebu, capitão deste demônio*
> *Projetou minha perdição,*
> *Para atingi-la enviou seu correligionário e ele com ódio*
> *Era infernal, com força tentou me vencer.*
> *Mas o abençoado Miguel, me ajudou*
> *E pela força de sua espada, rapidamente, fez o demônio voar.*
> *Portanto, permita-me louvá-lo,*
> *E sempre agradecer e bendizer Seu santo nome.*[20]

Então veio até ele uma mão com algumas folhas da árvore da vida, que Cristão colocou nas feridas recebidas na batalha e foi curado imediatamente.[21] Ele também se sentou naquele lugar para comer o pão e beber do frasco que recebera anteriormente. Depois de revigorado, começou a jornada, mais uma vez, com a sua espada desembainhada, dizendo: "Outros inimigos podem me atacar"; mas não houve outro ataque de Apolião neste vale.

No fim desse vale havia outro, o chamado vale da Sombra da Morte e Cristão precisou viajar através dele porque o caminho para a Cidade Celestial estava bem no meio do vale.[22] Este vale é um lugar muito solitário. Ou, como o profeta Jeremias descreve: "...um deserto, uma terra de desertos e de covas, terra de seca, e da sombra da morte, uma terra que nenhum homem passou (mas um Cristão o atravessou), e onde não morava homem algum".

O que Cristão enfrentou aqui foi pior do que a luta com Apolião, como comprovaremos a seguir.

Vi em meu sonho que, quando Cristão alcançou os portões do Vale da Sombra da Morte, encontrou dois homens, filhos de um daqueles

---

20. Belzebu. Veja nota 9 deste capítulo. A referência é sobre a futura guerra no Céu, durante a qual Satanás e Miguel e seus anjos travarão uma batalha. Veja Daniel 10:13,21; Apocalipse 12:7-12.
21. Apocalipse 22:2.
22. Salmo 23:4; Isaías 9:2; Jeremias 2:6.

que trouxeram um relatório negativo da Terra Prometida, e corriam em outra direção.[23] Cristão iniciou, então, um diálogo com eles:

CRISTÃO: Para onde vão?

HOMENS: Estamos voltando! E você deveria fazer o mesmo, se é que valoriza sua vida ou a paz.

CRISTÃO: Por quê? O que aconteceu?

HOMENS: Íamos para a mesma direção em que você vai, e fomos tão longe quanto ousamos, e de fato tínhamos quase passado do ponto de não poder retornar, pois se tivéssemos ido um pouco mais longe, não estaríamos aqui para lhe trazer notícias.

CRISTÃO: Mas o que vocês encontraram?

HOMENS: Estávamos quase no Vale da Sombra da Morte,[24] mas felizmente olhamos adiante e vimos o perigo que nos esperava.

CRISTÃO: O que vocês viram?

HOMENS: Veja bem! Vimos que o vale era tão escuro como breu, também vimos duendes, sátiros e dragões da cova. Ouvimos naquele vale um contínuo ruído de uivos e gritos, como as pessoas que viviam em indescritível miséria, presos em aflição e grilhões; e ao longo desse vale pairavam desanimadoras nuvens de confusão.[25] A morte sempre abre suas asas sobre ele. Em uma palavra: terrível em todos os sentidos.

CRISTÃO: Pelo que vocês disseram, acredito que este é meu caminho rumo ao porto desejado.[26]

HOMENS: Pode ser o seu caminho, mas certamente não o escolheremos para nós.

---

23. Dez dos doze espiões que foram à Terra Prometida falaram que não fossem porque a terra era muito perigosa (Números 13). Esse foi o relatório negativo.
24. Salmo 44:19; 107:10.
25. Veja Isaías 13:21; 34:14; Salmo 107:10; Jó 3:5; 10:22. Duendes são espíritos ímpios. Sátiros são homens concupiscentes; criaturas metade homem e metade bode. Obviamente, esses são seres míticos. Isaías se referia aos falsos deuses pagãos como "sátiros".
26. Veja Salmos 107:30; 44:18,19; Jeremias 2:6. Deus é capaz de conduzir Seu povo pelo vale.

Nesse momento separaram-se e Cristão seguiu seu caminho, mas com a espada desembainhada, caso fosse agredido.

Vi em meu sonho que havia uma vala muito profunda no lado direito, que acompanhava o vale em todo o seu comprimento. Nessa vala, cegos guiavam cegos constantemente, e todos pereciam em extrema pobreza.[27] À esquerda estava um pântano perigoso, e se um bom homem cair ali, não encontrará chão no qual firmar-se e com isso se levantar. Foi nesse lamaçal que o rei Davi caiu uma vez e teria sido sufocado, se não tivesse sido puxado para fora.[28]

O caminho também era extremamente estreito e Cristão precisou ser mais cuidadoso que antes, porque quando tentava evitar a vala de um lado, quase escorregava do outro. Quando tentava escapar do pântano, cuidava para não cair na vala. Eu o ouvi suspirar amargamente, pois, além dos perigos mencionados acima, o caminho era tão escuro que muitas vezes, quando levantou o pé para ir adiante, não sabia onde ou sobre o que pisaria.[29]

Pobre homem! Onde você estará?
O dia é noite.
Bom homem, não permita ser humilhado, pois você está certo.
O seu caminho para o Céu passa pelos portões do inferno;
Anime-se, aguente, o triunfo será alcançado.

No meio deste vale notei a boca do inferno perto do caminho.[30] "E agora, o que devo fazer?", pensou Cristão. Chamas e fumaça eram expelidas continuamente e em tal abundância, com faíscas e ruídos horríveis (coisas que não poderiam ser combatidas pela espada de Cristão, como aconteceu com Apolião). Ele foi forçado a embainhar

---

27. Mateus 15:14.
28. Salmo 69:14.
29. 1 Samuel 2:9.
30. Ao continuar a jornada, Cristão descobrirá vários caminhos para o inferno, incluindo um à porta do Céu!

a espada e pegar outra arma, chamada invocação, súplica, oração.[31] Então clamou: "Ó Senhor, te imploro, livra minha alma!" Assim, ele permaneceu por um bom tempo, mas ainda as chamas chegavam até ele. Além disso, ele ouvia vozes tristes e sons de grande movimento indo e vindo, por isso, achava que seria despedaçado ou pisado como a lama das ruas.[32] Ele viu e ouviu estas imagens assustadoras, barulhos terríveis por vários quilômetros, e chegou a um lugar em que pensou ter ouvido uma legião de demônios vindo à sua direção. Ele parou e começou a pensar qual seria a melhor coisa a fazer. Por um momento cogitou em voltar, mas se lembrou de que deveria ter avançado mais da metade do caminho. Lembrou-se de ter vencido diversos desafios e que seria mais perigoso voltar do que seguir avante, por isso, decidiu continuar. No entanto, os demônios pareciam vir diretamente em sua direção e ele gritou com toda a energia: "Andarei na força do Senhor Deus!"[33] Então, os demônios cederam e mudaram de direção.

Uma coisa que não pude deixar de notar: até agora o pobre Cristão estava tão confuso que não reconhecia sua própria voz. Percebi isso, porque assim que ele alcançou a boca do poço em chamas, um dos demônios aproximou-se por trás e sussurrou-lhe blasfêmias terríveis, e ele pensou que eram pensamentos de sua mente. Esta foi a maior prova que Cristão enfrentou em toda jornada, pensar que blasfemava daquele que tanto amara anteriormente. Ele poderia tê-lo evitado, mas não o fez porque não teve a compreensão de tapar os ouvidos ou descobrir a origem destas blasfêmias.[34]

---

31. Veja Efésios 6:18. Sua oração vem do Salmo 116:4. Cristão deve usar as armas certas em sua guerra espiritual.
32. 2 Samuel 22:43; Isaías 10:6; Miqueias 7:10.
33. Salmo 71:16.
34. Bunyan passou por uma fase em que sua mente estava cheia de pensamentos blasfemos. Ele escreveu em *Graça abundante* (Ed. Fiel, 2006): "Enquanto estava em tentação, minha mente parecia totalmente concentrada em a amaldiçoar, jurar ou falar algumas coisas graves contra Deus ou Cristo, Seu Filho e das Escrituras. Agora sei, com toda segurança, que estava possuído por um demônio."

Cristão viajou nesta condição deplorável por um bom tempo, e pensou ter ouvido a voz de um homem que andava à sua frente e dizia: "Ainda que eu ande pelo vale da sombra da morte, não temerei mal nenhum, porque tu estás comigo."[35]

Ele ficou feliz, e pelas seguintes razões:

Primeiro, por perceber que não estava sozinho neste vale. Havia outros que também temiam a Deus.

Segundo, percebeu que, se Deus estava com aqueles que padeciam nesta situação sombria e escura, também estaria com ele mesmo nas atuais circunstâncias em que Ele parecia não estar presente.[36]

E por último, porque esperava alcançá-los e prosseguir em sua companhia. Assim, continuou o caminho e chamou o homem que estava à sua frente, mas o homem não sabia o que responder, pois também pensava estar sozinho. Em pouco tempo começou a amanhecer e Cristão disse: Ele "torna a densa treva em manhã."[37]

Nesse momento, olhou para trás, não porque desejasse voltar, mas para ver à luz do dia quais perigos havia enfrentado na escuridão. Foi quando ele viu perfeitamente a vala que estava à direita e o pântano à esquerda, e como o caminho entre eles era estreito. Também viu os duendes, sátiros e dragões da caverna ao longe (depois do amanhecer eles não chegaram perto dele), mas lhe foram revelados, de acordo com o que está escrito: "Das trevas manifesta coisas profundas e traz à luz a densa escuridade."[38]

Cristão sentiu-se profundamente impactado por ser liberto de todos os perigos de sua solitária caminhada; embora antes os tivesse temido mais, agora via mais claramente, pois a luz do dia tornara tudo mais visível. Neste tempo, o sol estava nascendo e para Cristão

---

35. Salmo 23:4.
36. Jó 9:11.
37. Amós 5:8.
38. Veja Jó 12:22. Os cristãos aprendem lições no vale, e até mesmo a escuridão lhes traz bênçãos.

isto foi uma expressão de misericórdia, pois você deve notar que, embora a primeira parte do Vale da Sombra da Morte fosse perigosa, esta segunda parte por onde ele ainda deveria viajar seria muito mais perigosa. Do lugar de onde estava agora até o fim do vale, o caminho era cheio de ciladas, armadilhas, redes, poços, valas profundas e encostas;[39] envolto pela escuridão, assim como era quando Cristão chegou à primeira parte do caminho. Nele havia milhares de pessoas, que teriam razão para serem lançadas fora dele. Mas como foi dito, o sol estava nascendo, e por isso ele exclamou: "...fazia resplandecer a sua lâmpada sobre a minha cabeça, quando eu, guiado por sua luz, caminhava pelas trevas."[40]

Sob esta luz, portanto, ele chegou ao fim do vale. Vi em meu sonho, que no fim deste vale havia sangue, ossos, cinzas e corpos mutilados de peregrinos que morreram, e enquanto pensava sobre o motivo destas mortes, vi um pouco adiante uma caverna, onde dois gigantes Papa e Pagão, tinham vivido, por cujo poder e tirania homens foram colocados cruelmente à morte e seus restos mortais permanecem lá.[41] Mas Cristão passou por este lugar sem muito perigo, e eu me perguntava como lograra tal êxito. Foi quando soube que Pagão já está morto há algum tempo e o outro, apesar de ainda estar vivo, enlouqueceu e está com as articulações comprometidas devido o passar dos anos e pelos

---

39. Uma lista de vários tipos de armadilhas para jogos de captura.
40. Jó 29:3.
41. O Livro dos Mártires, de John Foxe foi a segunda bíblia de Bunyan. Naquela época a Inglaterra havia sido ameaçada por Roma por meio de alianças com nações católicas romanas, e é compreensível que Bunyan tomaria esta atitude. A teologia puritana não tinha espaço para um papa, tradições ou sacramentos. No entanto, Bunyan, pessoalmente, não se recusou a ter comunhão com os verdadeiros cristãos que estavam na Igreja de Roma. Em seu livro, *Communion and Fellowship of Christians* (Comunhão e fraternidade cristã), Bunyan escreveu: "Eu defendo, portanto, o que disse no início: se houver santos na igreja anticristã, o meu coração e a porta da nossa congregação está aberta para recebê-los em comunhão mais íntima conosco." Bunyan, obviamente, fez uma distinção entre o sistema romano de doutrina e prática, e os cristãos individualmente. Ele alia os pagãos ao papa, porque acreditava que a maioria dos convertidos de Roma ainda eram pagãos, mesmo tendo eles se juntado a um sistema religioso.

muitos ataques sofridos em seus dias de juventude. Agora ele apenas pode sentar-se à entrada de sua caverna, sorrindo para os peregrinos à medida que passam e roendo as unhas porque não pode atacá-los.

Cristão seguiu seu caminho. No entanto, ao ver o Ancião sentado à boca da caverna, não sabia o que pensar, especialmente quando o homem falou: "Você nunca mudará até que seja completamente queimado." Mas Cristão ficou quieto e, mostrando-se alegre, passou sem ser prejudicado. Em seguida, ele cantou:

Ó! Mundo de maravilhas (não menos que isso)!
Fui preservado em meio ao espaço de aflição
E livrado por Sua bendita mão!
Escuridão, perigos, demônios, inferno e pecado me cercavam
enquanto estava nesse vale
Ciladas, buracos, armadilhas e obstáculos me enganavam
Em meu caminho, capturado e abatido, arrisquei.
Mas como vivo, que Jesus use a coroa.

Agora, à medida que Cristão seguia seu caminho, chegou a uma pequena colina, que fora criada para que os peregrinos observassem o que estava diante deles. Cristão subiu e, olhando à frente, viu Fiel mais adiante, em sua viagem. Cristão disse em voz alta: "Ei! Ei! Olá! Espere e eu serei o seu companheiro." Fiel olhou para trás, e Cristão exclamou novamente: "Espere, espere até que eu o possa alcançar". Mas Fiel respondeu: "Não posso, minha vida depende disso, pois o vingador de sangue está seguindo atrás de mim."[42]

Com isso, Cristão se comoveu e reunindo toda sua força, rapidamente o alcançou, de modo que o último foi o primeiro. Cristão sorriu orgulhoso, porque estava à frente de seu irmão, mas não tomou

---

42. Não havia nenhum sistema policial em Israel. Cada família e clã tinha de vingar o sangue daqueles que eram assassinados. Veja Números 35:9; Deuteronômio 19:6. Deus designou cidades de refúgio, para onde o homicida podia fugir e ter um julgamento justo. Fiel estava com pressa para escapar do vingador do sangue, que neste caso, significam as consequências de seus próprios pecados.

cuidado com seus passos e de repente tropeçou, caiu e não conseguiu levantar-se novamente até que Fiel viesse para ajudá-lo.[43]

Depois, vi em meu sonho, que eles prosseguiram juntos e tiveram uma conversa agradável sobre todas as coisas que haviam acontecido em sua peregrinação. Cristão começou:

CRISTÃO: Meu honrado e amado irmão Fiel, estou feliz por tê-lo alcançado e por Deus ter preparado nosso espírito para que possamos caminhar como companheiros neste caminho agradável.

FIEL: Eu pensei, querido amigo, que teria sua companhia nesta jornada desde nossa cidade, mas como começou antes de mim, fui forçado a vir até aqui sozinho.

CRISTÃO: Quanto tempo você ficou na Cidade da Destruição, antes de sair para sua peregrinação, depois de mim?

FIEL: Até não aguentar mais tempo, pois correu entre todos os cidadãos a notícia sobre sua saída pelo fato de que nossa cidade seria em breve queimada até o chão com o fogo vindo do Céu.

CRISTÃO: Verdade! Nossos vizinhos falaram assim?

FIEL: Sim, por um tempo foi o assunto mais comentado na cidade.

CRISTÃO: E ninguém, além de você, fugiu do perigo iminente?

FIEL: Embora eles comentassem muito sobre o assunto, acredito que não levaram muito a sério, pois no calor da conversa que ouvi, alguns deles falavam com desprezo de você e dessa viagem desesperada (por isso ela foi denominada como peregrinação). No entanto, acreditei e ainda acredito que o final de nossa cidade será com fogo e enxofre, vindo do Céu, por isso decidi fugir.

CRISTÃO: Você teve notícias sobre o vizinho Flexível?

FIEL: Sim, Cristão, ouvi dizer que ele o seguiu até chegar ao Pântano da Desconfiança, onde, como alguns disseram, caiu. Ele não queria que

---

43. Veja Mateus 19:30; Provérbios 16:18; 1 Coríntios 10:12. Lembre-se de que Cristão vestia uma armadura. Bunyan ilustra o quanto os cristãos precisam da companhia um dos outros durante a vida. Veja Eclesiastes 4:9,10; Gálatas 6:1.

soubessem o que fizera, porém, tenho certeza de que ele estava coberto com aquele tipo de sujeira.

CRISTÃO: O que os vizinhos disseram a ele?

FIEL: Assim que voltou, foi ridicularizado por muitas pessoas; alguns zombaram e o desprezaram e ninguém lhe oferecia trabalho. Ele agora está sete vezes pior do que se nunca tivesse deixado a cidade.[44]

CRISTÃO: Mas por que agem contra ele, já que desprezam o caminho que ele abandonou?

FIEL: Eles querem enforcá-lo, por considerá-lo um traidor! Ele não foi fiel à sua profissão. Acredito que Deus estimulou até seus inimigos a escarnecerem dele, por abandonar o caminho.[45]

CRISTÃO: Você conversou com ele antes de sair da cidade?

FIEL: Encontrei-o uma vez nas ruas, mas ele atravessou para o outro lado, como se estivesse envergonhado do que fez. Por isso não conversamos.

CRISTÃO: Bem, quando saímos, tinha grandes esperanças acerca desse homem, entretanto, agora acredito que ele perecerá na destruição da cidade, pois ele se parece com o que diz o verdadeiro provérbio: "O cão voltou ao seu próprio vômito; e: A porca lavada voltou a revolver-se no lamaçal."[46]

FIEL: Esses também são os meus temores por ele, todavia quem pode prevenir o inevitável?

CRISTÃO: Bem, vizinho Fiel, vamos mudar de assunto e falar de coisas que nos interessem mais imediatamente. Conte-me sobre suas

---

44. Jesus usa uma ideia similar na parábola encontrada em Mateus 12:43-45.
45. Jeremias 29:18,19.
46. Veja 2 Pedro 2:22. Os verdadeiros cristãos são ovelhas, não cães ou porcos. Flexível não era um cristão verdadeiro.

experiências no caminho, pois sei que encontrou algumas coisas ou deve ter algum milagre para contar.[47]

FIEL: Escapei do pântano em que você caiu e alcancei o portão sem perigo, no entanto, encontrei-me com uma dama, chamada Sensualidade, que gostaria de me prejudicar.[48]

CRISTÃO: Que bom que você se esquivou da rede dela. José foi tentado, e escapou como você, mas isto quase lhe custou a vida. Como foi que ela tentou você?

FIEL: Você não pode imaginar, a menos que conheça como a fala dela é encantadora. Ela fez todos os esforços para conseguir me atrair, prometendo-me todos os tipos de satisfação.[49]

CRISTÃO: Aposto que ela não lhe prometeu a satisfação de uma boa consciência.

FIEL: Você sabe o que eu quero dizer: todos os tipos de satisfação carnal.

CRISTÃO: Graças a Deus você escapou dela, pois o "abominável do Senhor cairá" em sua armadilha.[50]

FIEL: Bem, não sei se me livrei completamente dela.

CRISTÃO: Você consentiu com os seus desejos?

FIEL: Não! Não me contaminei, pois me lembrei do antigo texto que diz: "Seus passos levam direto para o inferno." Assim, fechei meus olhos para que não fosse enfeitiçado por seu olhar.[51] Então, ela falou asperamente comigo e eu segui meu caminho.

---

47. As experiências de Fiel foram diferentes das experiências de Cristão. Ele escapou de algumas provações e enfrentou uma série de tentações diferentes. Aqui, Bunyan mostra que cada cristão deve seguir o Senhor e não se comparar com outros irmãos. Fiel encontrou-se com Sensualidade, Primeiro Adão, Moisés, Descontente, Vergonha; Cristão, com nenhum deles.
48. A tentação do pecado sensual. José foi tentado pela esposa de seu senhor e fugiu dela (Gênesis 39:11-13). Bunyan era muito tímido com as mulheres, por isso esta tentação, em particular, não o atacava.
49. Veja Provérbios 6:24. Em Provérbios 7 você tem uma descrição detalhada desta tentação.
50. Provérbios 22:14.
51. Provérbios 5:5; Jó 31:1.

CRISTÃO: Encontrou outras provações durante a viagem?

FIEL: Quando cheguei ao pé da montanha chamada Dificuldade, conheci um homem muito velho que me perguntou quem eu era e para onde ia. Disse-lhe que era um peregrino em direção à Cidade Celestial. Então ele me fez uma proposta: "Você parece um sujeito honesto. Você se contentaria em viver comigo pelo salário que lhe pagarei?" Então perguntei-lhe seu nome e onde morava. Disse que seu nome era Primeiro Adão e morava na Cidade do Erro.[52] Procurei saber que tipo de trabalho tinha e qual seria o salário. Ele me disse que seu trabalho era de muitas delícias e o salário seria tornar-me seu herdeiro. Perguntei-lhe o tipo de casa que tinha e como eram os demais servos. Então, me disse que a casa dele continha todas as coisas deliciosas do mundo e que seus servos eram seus filhos. Indaguei quantos filhos tinha. Ele me contou que tinha três filhas: Concupiscência da Carne, Concupiscência dos Olhos e Soberba da Vida, e que poderia casar-me com todas, se quisesse.[53] A seguir eu quis saber quanto tempo desejaria que morasse com ele e me respondeu que enquanto ele vivesse.

CRISTÃO: Bem, qual foi a conclusão que você e o velho homem chegaram?

FIEL: No começo eu estava um pouco propenso a ir com ele, porque achei seu discurso bastante agradável, mas olhando para sua testa enquanto falava com ele, vi escrito: "…uma vez que vos despistes do velho homem com os seus feitos".[54]

---

52. Jesus Cristo é o último Adão, o primeiro homem foi Adão (1 Coríntios 15:45). Todos são filhos do primeiro Adão. Cristo, por Sua morte obediente na cruz reverteu as consequências do pecado de Adão e trouxe a salvação (Romanos 5:6-21). O primeiro Adão ainda pode opor-se aos cristãos porque ainda tem a velha natureza. Veja também Efésios 4:22.
53. 1 João 2:15-17.
54. Veja Colossenses 3:9. Assim como Jesus deixou Suas roupas sepulcrais para trás em Sua ressurreição, Cristão abandona o "velho homem" por causa da união com Cristo na Sua ressurreição. Salvação significa que o cristão agora pertence ao último Adão, Cristo, e não ao primeiro Adão.

CRISTÃO: E o que aconteceu depois?

FIEL: Em seguida, veio queimando em minha mente tudo o que ele dissera, embora fossem palavras lisonjeiras, quando me levasse para sua casa me venderia como escravo. Então, disse a ele que poderia parar de falar, porque não chegaria perto da porta de sua casa. Ele me insultou e disse que iria enviar alguém atrás de mim para tornar miserável o meu caminho. Quando me virei para deixá-lo, senti ele agarrar meu corpo e me empurrar tão fortemente para trás que pensei que ele tinha arrancado parte de mim. Isto me fez gritar: "Ó homem miserável!"[55] e segui meu caminho até a colina.

Quando cheguei à metade do caminho em direção ao alto, olhei para trás e vi alguém vindo atrás de mim rápido como o vento, ele me alcançou justamente onde o abrigo se encontra.[56]

CRISTÃO: Foi ali que me sentei para descansar; mas caí em um sono profundo e perdi o pergaminho que estava no meu manto.

FIEL: Espere, bom irmão, me ouça. Assim que o homem me alcançou, derrubou-me e permaneci como se estivesse morto. Quando voltei a mim, perguntei por que ele tinha me tratado assim. Ele disse: "Por causa de seu interesse secreto no Primeiro Adão." E com isso me atingiu com outro golpe mortal no peito e me jogou de costas no chão, deixando-me quase morto aos seus pés como antes. Quando recuperei as forças novamente, clamei: "Tenha misericórdia!" Mas ele disse: "Não sei como demonstrar misericórdia", e com isso me derrubou novamente.[57] Sem dúvida, ele teria me matado, se alguém não passasse por ali e lhe dissesse que parasse.

---

55. O clamor preferido de Bunyan, de Romanos 7:24. Ele não quer que esqueçamos que a velha natureza ainda pode causar problemas para o Cristão.
56. Este é Moisés, representando a Lei. Fiel estava interessado no primeiro Adão (a velha natureza), por isso, Moisés o disciplinou. Tudo isto é uma ilustração de Romanos 7:7-12. Os puritanos acreditavam que a Lei tinha um ministério na vida cristã. Ela ainda pode condenar o cristão por causa de seus pecados.
57. A Lei não pode conceder misericórdia, só pode julgar. Cristo é o único que pode conceder misericórdia e satisfazer as justas exigências da Lei.

CRISTÃO: Quem disse a ele que parasse?

FIEL: A princípio não o reconheci, mas ao passar por mim vi as cicatrizes em suas mãos e em Seu lado, concluí que fosse o Senhor.[58] Deste modo fui até a colina.

CRISTÃO: Aquele homem que o alcançou era Moisés. Ele não poupa ninguém, nem ele sabe como demostrar misericórdia com aqueles que quebram sua lei.

FIEL: Eu sei muito bem, não foi a primeira vez que ele me encontrou. Foi ele que veio até mim quando vivia na segurança de minha casa para dizer-me que queimaria a casa sobre minha cabeça se permanecesse ali.

CRISTÃO: Mas você não viu a casa que ficava lá no alto do morro, no lado em que Moisés o encontrou?

FIEL: Sim, e os leões também, antes de chegar. Mas acredito que os leões estavam dormindo. E como estava longe de anoitecer, passei pelo porteiro e desci a colina.[59]

CRISTÃO: Ele me disse que viu você passar, mas eu queria que tivesse parado na casa, pois teriam lhe mostrado tantas coisas maravilhosas que jamais esqueceria. Mas diga-me, você encontrou alguém no Vale da Humilhação?

FIEL: Sim, encontrei-me com Descontentamento, que tentou me persuadir a voltar com ele. Argumentou que o vale era um lugar totalmente sem honra; e que passar por esse caminho significaria desobedecer a amigos como Soberba, Arrogância, Vaidade, Glória--Mundana entre outros, e se ofenderiam se eu tolamente atravessasse este vale.

CRISTÃO: E qual foi a sua resposta?

---

58. As feridas no corpo do nosso Senhor (João 20:24-29).
59. Fiel não comungou na família da igreja local como Cristão fez. Mais uma vez, a experiência de cada cristão é diferente. Bunyan acreditava firmemente na igreja local, e até mesmo pastoreou uma, entretanto, não considerava a ida a tal local como ponto essencial à salvação. Note, porém, que Cristão fala a Fiel o quanto ele perdeu, ao continuar o trajeto!

FIEL: Disse a ele que embora todos os nomes mencionados pudessem declarar-se como meus parentes — e com razão, pois eram meus parentes na carne — desde que me tornei um peregrino eles me deserdaram, assim como eu os rejeitei e, portanto, eles são como se nunca tivessem pertencido à minha família. Também mostrei-lhe que ele tinha deturpado bastante este vale, pois "antes da honra vem a humildade e a altivez do espírito precede a queda".[60] Por isso, eu disse: "Prefiro passar por esse vale com a honra que os sábios representam, do que escolher aquilo que ele considerava digno de nossos afetos."

CRISTÃO: Você encontrou algo mais no vale?

FIEL: Sim, encontrei-me com Vergonha. De todos os que encontrei em minha peregrinação, entendi que seu nome é o que menos combina com ela, pois o que mais lhe faz falta é a vergonha.[61]

CRISTÃO: Por quê? O que ela lhe disse?

FIEL: Ela se opôs à religião em si, dizendo que é uma atitude patética, baixa e servil um homem se preocupar com temas religiosos. Disse que ter uma consciência sensível era coisa para os fracos e um homem que observa suas palavras e comportamento perde a liberdade que é sua por direito, e nesta idade o faz parecer ridículo. Ela também se opôs à religião, alegando que poucos poderosos, ricos ou sábios se preocupam com isto, pois eles não são tolos o suficiente para arriscar a abandonar tudo pelo desconhecido.[62] Ela disse que a maioria dos peregrinos eram pobres e sem instrução. Sim, ela continuou sua avaliação sobre muitas coisas mais: que era uma vergonha sentar-se, lamentar e chorar ao ouvir um sermão, voltar para casa suspirando e gemendo; também é uma vergonha pedir perdão ao vizinho por erros insignificantes ou fazer restituição. Disse também que a religião torna

---

60. Veja Provérbios 15:33; 16:18; 18:12. Fiel deseja a honra que vem somente de Deus.
61. Veja Marcos 8:38. Vergonha argumenta que a religião não é algo varonil, que poucas pessoas importantes a seguem e que fazem as pessoas agirem de forma vergonhosa.
62. 1 Coríntios 1:26; 3:18; João 7:48; Filipenses 3:7-9.

o homem excêntrico para grandes homens, pois rejeita pequenos vícios, o que chamou por nomes mais dignos, e torna um homem de respeito num membro das classes mais baixas, porque estão na mesma fraternidade religiosa. E isto, perguntou ela, não é uma vergonha?

CRISTÃO: E o que você respondeu?

FIEL: A princípio, eu não sabia o que dizer. Ela me deteve por tanto tempo que meu rosto enrubesceu. Finalmente, comecei a pensar sobre o fato de que "...aquilo que é elevado entre homens é abominação diante de Deus".[63] E observei que ela me dizia sobre o que os homens são, mas não me disse nada sobre o que Deus ou a Sua Palavra é. E então pensei que no dia do juízo, não será concedida a morte ou a vida de acordo com os espíritos de intimidação deste mundo, mas de acordo com a sabedoria e a lei do Altíssimo. Por isso, conclui que o que Deus diz é melhor, apesar de todos os homens do mundo serem contra isto. Ao analisar que Deus prefere uma consciência sensível, os que se tornam tolos por causa do reino dos Céus são sábios;[64] e vendo que o homem pobre que ama a Cristo é mais rico do que o homem mais importante do mundo que o odeia, repliquei: Vergonha, vá embora! Você é uma inimiga para minha salvação! Se eu a ouvir em vez do ouvir meu soberano Senhor, como posso olhar para Ele face a face no Seu retorno? Se me envergonhar agora dos Seus caminhos e servos, como posso esperar receber Sua bênção?[65]

Mas Vergonha era uma vilã ousada, mal consegui livrar-me dela. Ela continuou me seguindo e sussurrando ao meu ouvido sobre as várias coisas que estão erradas com a religião. Mas, por último, disse-lhe que era inútil continuar, porque as coisas que ela desprezava eu valorizava mais. Assim, finalmente, passei por essa personagem problemática, e quando me livrei dela comecei a cantar:

---

63. Lucas 16:15.
64. 1 Coríntios 4:10; 1:18-25.
65. Marcos 8:38.

As provações que aqueles homens encontram,
Homens obedientes ao chamado celestial,
São inúmeras que satisfazem o ser carnal,
Surgem, surgem e ressurgem;
Agora ou em outro momento por elas passamos,
Somos tomados, superados e vencidos.
Que os peregrinos, que os peregrinos,
Sejam vigilantes e que neguem-se pelo Senhor.[66]

CRISTÃO: Estou feliz, meu irmão, pois resistiu a esta vilã tão bravamente, pois, como você disse, penso que ela tem o nome errado. Ela nos segue corajosamente nas ruas e tenta nos envergonhar diante dos homens, quer dizer, envergonhar-nos a respeito do que é bom. Mas se ela mesma tivesse vergonha, jamais tentaria fazer o que faz. Mesmo assim, continuemos resistindo, pois, apesar de toda sua altivez, ela só reforça a causa dos tolos. "Os sábios herdarão honra", disse Salomão, "mas vergonha será a promoção dos tolos."[67]

FIEL: Para lutar contra Vergonha, penso que devemos clamar ao Senhor que nos torne valentes pela verdade sobre a terra.[68]

CRISTÃO: Você fala a verdade. Mas, diga-me, encontrou mais alguém naquele vale?

FIEL: Não, não encontrei. O sol brilhou no restante do caminho e também quando passei pelo Vale da Sombra da Morte.

CRISTÃO: Você se saiu melhor do que eu. Assim que cheguei ao Vale da Sombra da Morte, comecei uma batalha longa e terrível com o vil demônio Apolião. Na verdade, pensei que me mataria, especialmente quando me derrubou e esmagou-me como em pedaços. Quando me atingiu, a espada que empunhava voou da minha mão e

---

66. Veja 1 Coríntios 16:13 — "fortalecei-vos".
67. Provérbios 3:35.
68. Veja Jeremias 9:3. Bunyan usou a personagem Valente por Verdade como um dos personagens mais importantes na segunda parte de *O Peregrino*, publicado em 1684, contando como a esposa e os filhos de Cristão viajaram para a Cidade Celestial.

ele mesmo disse que eu morreria. Mas clamei a Deus, Ele me ouviu e me livrou de todos os problemas.[69] Em seguida, entrei no Vale da Sombra da Morte e não tinha luz por quase metade do caminho. A ideia de que seria assassinado lá me atormentou repetidas vezes, mas ao surgir o último dia, o sol raiou e segui o restante da jornada com facilidade e muito mais tranquilo.

Além disso, vi no meu sonho que, enquanto eles caminhavam, Fiel olhou para o lado e viu um homem cujo nome é Loquaz caminhando ao lado deles, mas a certa distância (aqui o caminho era largo o suficiente para que as pessoas caminhassem lado a lado).[70] Ele era um homem alto e mais bonito de longe que de perto. Fiel dirigiu-se a este homem desta forma:

FIEL: Amigo, para onde vai? Para a Cidade Celestial?

LOQUAZ: Vou para esse lugar.

FIEL: Que bom! Então, se desejar, teremos a sua companhia.

LOQUAZ: Ficaria muito feliz.

FIEL: Então venha, vamos viajar juntos e passar nosso tempo conversando acerca de coisas que são proveitosas.

LOQUAZ: Gosto de falar sobre assuntos que valham a pena, e estou contente por encontrar pessoas com o mesmo pensamento. Para dizer a verdade, existem poucas pessoas que se importam em investir o seu tempo desta maneira quando viajam, a maioria escolhe discutir temas inúteis e isso me incomoda.[71]

FIEL: Isso é realmente lamentável, pois o que é mais digno para uso da língua e da boca humana na terra do que as coisas do Deus do Céu?

LOQUAZ: Gostei de você, pois suas palavras são cheias de convicção. E quero acrescentar: o que é mais agradável ou benéfico do

---

69. Salmo 34:6.
70. Veja Jó 11:2; Provérbios 10:19; Tito 1:10,16. Loquaz representa a pessoa que pode discutir temas religiosos, cuja vida pessoal é completamente sem caráter religioso.
71. 2 Timóteo 2:14.

que falar sobre as coisas de Deus? (Isto é, se um homem tem qualquer prazer em coisas que são maravilhosas). Por exemplo, se um homem gosta de falar sobre a história ou o mistério das coisas, ou se um homem gosta de falar sobre milagres, prodígios ou sinais, onde encontrará relatos mais maravilhosos do que os que estão registrados na Sagradas Escrituras?

FIEL: Isso é verdade. Mas nossa intenção deve ser tirar lucro dessas coisas em nossas conversas.

LOQUAZ: Isso foi exatamente o que eu disse. É mais proveitoso falar dessas coisas, porque o homem pode adquirir conhecimento de muitas áreas, tais como a vaidade das coisas terrestres e os benefícios das coisas sagradas. De maneira mais particular, um homem pode aprender a necessidade do novo nascimento, a insuficiência das nossas obras, a necessidade da justiça de Cristo, e assim por diante. Ao expressar ideias, um homem pode aprender o que é arrepender-se, ter fé, orar, sofrer ou talvez coisas semelhantes. Também pode aprender acerca das grandes promessas e mensagem de conforto do evangelho, para seu próprio benefício.[72] Além disso, o homem pode aprender a refutar falsas opiniões para confirmar a verdade e instruir os ignorantes.

FIEL: Fico feliz em ouvir estas coisas de você.

LOQUAZ: Infelizmente, a falta de tal conversa é o motivo para que poucos compreendam a necessidade da fé e da obra da graça em sua vida a fim de alcançar a vida eterna. Em vez disso, eles ignorantemente vivem pelas obras da lei, a qual não pode levar o homem ao reino dos Céus.

---

72. Loquaz pensa que o aprendizado vem principalmente do falar. Ele não tem conhecimento do que Cristão e Fiel mais tarde denominam "obra do coração": a ação do Espírito de Deus no coração, convencendo e ensinando.

FIEL: Mas o conhecimento celestial destes assuntos é o dom de Deus, nenhum homem pode alcançá-lo por meios humanos, ou apenas conversando sobre eles.

LOQUAZ: Tudo isso eu sei muito bem. Pois um homem não pode receber coisa alguma a menos que seja dádiva do Céu, e pela graça, não pelas obras. Poderia citar uma centena de passagens bíblicas que confirmam isso.[73]

FIEL: Bem, então, sobre o que vamos conversar?

LOQUAZ: O que você quiser. Posso falar das coisas celestiais ou terrenas, morais ou evangélicas, sagradas ou profanas, passadas ou vindouras, estrangeiras ou familiares, essenciais ou circunstanciais, desde que tudo isto seja para nosso benefício.

Fiel maravilhou-se com o que ouviu e aproximou-se de Cristão que, todo esse tempo, estava caminhando sozinho e disse suavemente: "Que companheiro corajoso temos! Certamente este homem será um excelente peregrino."[74]

Com isso, Cristão esboçou um sorriso e disse: "Este homem que o entusiasma tanto, poderia com sua língua, enganar 20 pessoas que não o conhecem."

FIEL: Você o conhece?

CRISTÃO: Sim, quase melhor do que ele próprio se conhece.

FIEL: Quem é ele?

CRISTÃO: Seu nome é Loquaz e vive em nossa cidade. Fiquei surpreso de não reconhecê-lo, mas nossa cidade é grande.

FIEL: De quem ele é filho? E onde mora?

CRISTÃO: Ele é o filho de Bem-Falante e morava na Rua das Boas-Palavras; todos os que estão familiarizados com ele o conhecem

---

73. Veja João 3:27; Efésios 2:8,9. Note que Loquaz é rápido em citar a Bíblia e usa a linguagem correta, mas carece de experiência pessoal. A Bíblia está em sua mente, mas não em seu coração.
74. Fiel é enganado por Loquaz, porque julgou somente as palavras (Mateus 7:21).

pelo nome de Loquaz. Apesar da conversa agradável, ele é um sujeito desprezível.⁷⁵

FIEL: Bem, ele parece ser um homem muito simpático.

CRISTÃO: Ele é assim para os que não estão completamente familiarizados com ele, pois tem a melhor aparência em terras estrangeiras mas, perto de casa, é feio. Quando você diz que ele é um homem agradável, lembro-me das obras artísticas, cujas pinturas são mais bonitas à distância, porém, de perto são desagradáveis.

FIEL: Parece que você está zombando de mim.

CRISTÃO: O Senhor me livre de brincar com esse assunto ou de fazer uma acusação falsa! Vou contar-lhe mais sobre ele. Este homem aprecia qualquer companhia e qualquer conversa. O que lhe falou até agora poderá dizer igualmente em uma taverna. Quanto mais bebe mais fala. A religião não tem um lugar em seu coração, em sua casa ou seu comportamento; ele é todo conversa e sua religião é a sua língua.

FIEL: Você não me havia dito! Fui grandemente enganado por este homem.

CRISTÃO: Enganado! Esteja certo disto. Lembre-se do provérbio: "Eles dizem e não fazem", porém, "o reino de Deus não consiste em palavras, mas em poder".⁷⁶ Ele fala da oração, do arrependimento, da fé e do novo nascimento, mas apenas fala. Já estive com sua família e o observei, tanto em casa como fora dela, e sei que o que digo sobre ele é a verdade. Sua casa é tão vazia de religião como uma clara do ovo é sem sabor.⁷⁷ Não há oração, nem sinal de arrependimento pelo pecado, até mesmo os animais servem a Deus melhor do que ele. Para aqueles que o conhecem, ele traz vergonha e opróbrio para o nome do Senhor; no lado da cidade em que mora, é um péssimo exemplo

---

75. Tagarela, significa "conversa fiada" ou "inútil".
76. Veja Mateus 23:3. A repreensão indireta de Cristo aos fariseus. Veja também 1 Coríntios 4:20.
77. Jó 6:6.

de cristão.[78] As pessoas que o conhecem dizem: "Ele é um santo fora de casa e um demônio em seu lar." Certamente, sua pobre família conhece seu interior: ele é rude, abusivo e injusto com seus servos, e nunca sabem como se aproximar dele. Os homens que têm quaisquer negócios com ele dizem que é melhor lidar com um Turco[79] do que com ele, pois receberão um tratamento mais justo. Este Loquaz, se for possível, fraudará, enganará e obterá o melhor das pessoas por meios inescrupulosos. Além disso, ensina os filhos a agir da mesma forma e, se ele encontra em algum deles a timidez tola (pois é assim que chama a consciência sensível), os chama de idiotas, tolos e não dará trabalho a eles nem os recomendará para outros. Acredito que sua vida perversa já levou muitos a tropeçar e cair. E continuará, se Deus não impedir, causando a ruína de muitos mais.

FIEL: Bem, meu irmão, tenho que crer em você. Não apenas porque você disse que o conhece, mas porque olha os homens como um cristão. Também sei que não fala maliciosamente, pois suas palavras são verdadeiras.

CRISTÃO: Se eu não o conhecesse tão bem, provavelmente teria pensado da mesma forma. Ouvi estas coisas daqueles que são inimigos da religião, e pensei ser calúnia, já que muitas vezes é o que sai da boca dos homens ímpios ao falar sobre nomes e profissões dos bons homens. Mas, de acordo com meu conhecimento, posso provar que ele é culpado de todas estas coisas e muito mais. Além disso, os homens bons têm vergonha dele, pois não podem chamá-lo de irmão, nem amigo. O som de seu nome os faz enrubescer se o conhecem.

FIEL: Vejo que dizer e fazer são coisas distintas. Daqui em diante, serei cuidadoso em observar esta distinção.[80]

---

78. Romanos 2:24.
79. "Turco", nome genérico para todos os bárbaros e estrangeiros não confiáveis.
80. Mateus 23:1-4.

CRISTÃO: De fato, são duas coisas diferentes. Tão diversas como a alma e o corpo, porque assim como o corpo sem a alma é apenas uma carcaça morta, assim são as palavras sem obras.[81] A alma da religião é a parte prática: "A religião pura e sem mácula, para com o nosso Deus e Pai, é esta: visitar os órfãos e as viúvas nas suas tribulações e a si mesmo guardar-se incontaminado do mundo."[82] Loquaz não tem esse conhecimento, ele acha que ouvir e falar faz de alguém um bom cristão e, assim, engana a si mesmo.[83] Ouvir nada mais é que a semeadura da semente; falar não prova que o coração e a vida frutificaram. O que temos certeza é de que no dia do juízo os homens serão julgados de acordo com seus frutos.[84] A pergunta não será: "Você acredita?", mas "você praticou as verdades ou apenas falou sobre elas?" E assim serão julgados.[85] O fim do mundo pode ser comparado à nossa colheita. Sabemos que na colheita os homens estão interessados no fruto e em nada mais.[86] Não que qualquer coisa que não seja o resultado da fé possa ser aceito, mas digo isto para lhe mostrar o quão insignificante a profissão de Loquaz será naquele momento.

FIEL: Isto traz à mente as palavras de Moisés, quando descreveu animais puros.[87] Era aquele que tem o casco fendido e rumina; não só um que tem o casco fendido ou que apenas rumina. O coelho rumina, mas é impuro, porque não têm o casco fendido. E isto é o que se assemelha em Loquaz: ele busca o conhecimento por "mastigar" a palavra, mas não se separou de seus caminhos pecaminosos, por isso, como o coelho, ele é impuro.

---

81. Tiago 2:26.
82. Tiago 1:27.
83. Tiago 1:26.
84. Mateus 7:16; 13:23.
85. Tiago 1:22.
86. Mateus 13:30.
87. Veja Levítico 11; Deuteronômio 14. Esse é um bom exemplo de como os puritanos "espiritualizavam" o Antigo Testamento para encontrar seu guia prático na rotina diária.

CRISTÃO: Por tudo o que conheço, você mostrou o verdadeiro sentido do evangelho daqueles textos. E acrescentarei outra coisa: Paulo chama alguns homens, e aqueles que são grandes faladores também, de "bronze que soa ou como o címbalo que retine", isto é, como ele expõe em outra passagem, "instrumentos inanimados" que emitem som.[88] As coisas sem vida não contêm a verdadeira fé e a graça do evangelho e, consequentemente, essas coisas nunca entrarão no reino dos Céus com aqueles que são os filhos da vida, mesmo que o som da palavra seja como se fosse o idioma ou a voz de um anjo.

FIEL: Bem, a princípio eu não estava apreciando muito sua companhia, mas agora estou realmente enojado disto. Como podemos nos livrar dele?

CRISTÃO: Siga o meu conselho e faça o que digo e você descobrirá que, em breve, ele também estará cansado de sua companhia, a menos que Deus toque seu coração e o transforme.

FIEL: O que você quer que eu faça?

CRISTÃO: Vá até ele e entre em uma discussão séria sobre o poder da religião, e quando ele concordar com você, pois ele o fará, pergunte-lhe à queima-roupa se este poder foi estabelecido em seu coração, em sua casa ou em seu comportamento.

Fiel avançou os passos novamente e perguntou a Loquaz: "Como você está?"

LOQUAZ: Muito bem, obrigado. Mas pensei que conversaríamos por mais tempo.

FIEL: Bem, se você quiser, podemos continuar. Já que permitiu que eu fizesse uma pergunta, aqui vai: Como você pode dizer quando a graça salvadora de Deus está no coração do homem?

LOQUAZ: Vejo que nossa conversa deve ser sobre o poder das coisas. Bem, é uma pergunta muito boa, e estou disposto a responder-lhe.

---

88. 1 Coríntios 13:1-3; 14:7.

Primeiro e resumidamente, quando a graça de Deus está no coração, ela clama contra o pecado. Segundo...

FIEL: Espere! Tenha calma! Vamos considerar uma coisa de cada vez. Acredito que você deveria dizer ao contrário, que a graça determina que a alma abomine seu próprio pecado.

LOQUAZ: Por quê? Qual a diferença entre clamar contra o pecado e abominá-lo?

FIEL: Ah! Muita diferença. Um homem pode clamar contra o pecado, como regra geral, mas não pode abominá-lo a menos que sinta ódio dele. Ouço muitos clamarem contra o pecado no púlpito, mas que ainda vivem com ele no coração, no lar e em seu comportamento. A esposa de Potifar clamou com grande voz, como se fosse muito pura, mas ela estava disposta a cometer adultério com José.[89] Alguns clamam contra o pecado, assim como a mãe que, de forma divertida, repreende a filha em seu colo, chamando-a de menina desobediente, e ao mesmo tempo a abraça e beija.

LOQUAZ: Vejo que você está querendo me enredar.

FIEL: Não, só quero acertar as coisas. Então, qual é o segundo meio pelo qual você prova a existência da obra da graça no coração?

LOQUAZ: Um grande conhecimento dos mistérios do evangelho.

FIEL: Este deve ser o primeiro sinal, mas sendo o primeiro ou o último, também é falso, pois o conhecimento, o grande conhecimento, dos mistérios do evangelho podem ser alcançados e, ainda assim, pode não haver obra da graça na alma. Sim, um homem pode ter todo o conhecimento e ainda não ser um filho de Deus.[90] Cristo disse: "Você sabe todas essas coisas?" E os discípulos responderam: "Sim". Então, ele acrescentou: "Bem-aventurados sois se as cumprirdes."[91] A bênção não está no saber, mas no agir.[92] Porque o

---

89. Gênesis 39:7-23.
90. 1 Coríntios 13:2.
91. João 13:12-17.
92. Efésios 6:6; Tiago 1:25.

conhecimento nem sempre é acompanhado pelas ações, como o servo que sabe o que seu mestre quer, mas não faz.⁹³ Um homem pode ter o conhecimento dos anjos e ainda assim não ser um cristão, por isso esse sinal não é verdadeiro. Na verdade, saber é uma coisa que agrada a faladores e presunçosos, mas o conhecimento prático é o que agrada a Deus. Não que o coração possa ser bom sem conhecimento; sem ele o coração é nada. Existem dois tipos de conhecimento: o conhecimento sobre as coisas; e aquele que é acompanhado com a graça da fé e amor, o qual torna o homem desejoso de fazer a vontade de Deus. O primeiro tipo irá satisfazer o locutor, mas o verdadeiro cristão não se satisfará com um tipo de conhecimento sem o outro. "Dá-me entendimento, e guardarei a tua lei; de todo o coração a cumprirei."⁹⁴

LOQUAZ: Você está tentando fazer-me tropeçar novamente. Isso não é edificante.⁹⁵

FIEL: Bem, se quiser, mencione outro sinal desta obra da graça para nossa discussão.

LOQUAZ: Não, sei que não concordamos.

FIEL: Posso, então, mencionar um sinal?

LOQUAZ: Sinta-se à vontade.

FIEL: A obra da graça na alma é evidente tanto para a pessoa que a possui como para as pessoas que estão ao seu redor. Aquele que a possui tem convicção do pecado, especialmente da corrupção da sua natureza e o pecado da incredulidade (para o qual ele está seguro de que será condenado se não encontrar misericórdia divina pela fé em Jesus Cristo).⁹⁶ Esta convicção lhe causa tristeza e vergonha pelo seu pecado, além disso, lhe revela a sua necessidade de acertar-se com o Salvador do mundo, que o torna faminto e sedento de Deus, e é essa

---

93. Lucas 12:41-48.
94. Salmo 119:34.
95. "...bom para edificação" (Romanos 15:2).
96. Marcos 16:16; João 16:8,9; Romanos 7:24.

fome e sede de salvação que Deus prometeu satisfazer.[97] Ora, Sua alegria e paz são equivalentes à força ou à fraqueza de sua fé em seu Salvador, assim como o seu amor pela santidade e seu desejo de saber mais do Salvador e servi-lo neste mundo. Mas, embora isto se evidencie desta forma, raramente será capaz de concluir que esta é uma obra da graça, porque sua corrupção e sua razão inadequada o faz subestimar este assunto, portanto exige-se um julgamento justo antes que ele possa concluir com segurança que esta é uma obra da graça. Para outros, é evidente de outras maneiras:

1. Pela confissão de sua fé em Cristo.[98]
2. Pela vida que corresponda a essa confissão, ou seja, uma vida de santidade — santidade de coração, santidade de família (se tiver uma família) e em seu comportamento no mundo.[99] Esta santidade o ensina a abominar o seu próprio pecado, e isso ele faz em particular, reprimindo o pecado em sua família e promovendo a santidade no mundo — não só em palavras, como um hipócrita ou tagarela o faz, mas de uma forma prática de submissão, na fé e no amor, ao poder da Palavra. E agora, senhor, depois desta breve descrição da obra da graça e da evidência de seu poder, se tem alguma objeção, sinta-se à vontade, se não, posso levantar uma segunda questão?

LOQUAZ: Não, não cabe a mim discordar, mas ouvir. Faça a segunda pergunta.

FIEL: É esta: Você experimenta a primeira parte dessa descrição da obra de graça? Sua vida e comportamento testemunham isto? Ou a sua religião está em palavras ou em língua, e não em prática e verdade?[100] E se você quiser realmente me responder sobre isto, diga não

---

97. Veja João 4:42; 1 João 4:14; Salmo 38:18; Jeremias 31:19; Mateus 5:6; Atos 4:12; Gálatas 1:15,16; Apocalipse 21:6.
98. Aquilo que é experimentado na vida pessoal. Existencialismo seria a palavra do filósofo.
99. Salmo 50:23; Ezequiel 20:43,44; 36:25; Mateus 5:8; João 14:15; Romanos 10:9,10; Filipenses 1:27; 3:17-20.
100. Veja 1 João 3:18. Amar "de língua" significa amar sem sinceridade ou verdade.

mais do que aquilo que você sabe que Deus do alto dirá "Amém" e só o que sua consciência pode justificar: "Porque não é aprovado quem a si mesmo se louva, e sim aquele a quem o Senhor louva."[101] Além disso, é muito cruel dizer "eu sou assim e pronto" quando meu comportamento e todos os meus vizinhos dizem que sou mentiroso.

Pela primeira vez Loquaz começou a envergonhar-se. Entretanto, recuperou a pose e replicou:

LOQUAZ: Você veio agora para experimentar, conscientizar e apelar a Deus para julgar o que é dito. Não esperava este tipo de discussão, nem estou disposto a responder a estas perguntas, porque não sou obrigado, a menos que você esteja assumindo o papel de um catequista, e mesmo que assim agisse, ainda poderia me recusar a torná-lo meu juiz. No entanto, diga-me o motivo para tais perguntas?

FIEL: Porque vi que você estava ansioso para falar. Além disso, para dizer a verdade, eu ouvi dizer que você é um homem cuja religião é superficial e que seu comportamento mostra que aquilo que você professa com a boca não é verdade. Eles dizem que você traz desgraça para o povo de Deus e que o preço da religião é grave devido a um comportamento ímpio.[102] Eles dizem que alguns já tropeçaram por causa dos seus maus caminhos e que estão em perigo de serem destruídos por eles; a sua religião, a taberna, a cobiça, a impureza e palavrões e companhias mentirosas e malvadas serão julgados juntos. Há um provérbio, que se refere a uma prostituta: ela é uma vergonha para todas as mulheres. Então você é uma vergonha para todos os cristãos professos.

LOQUAZ: Já percebi que você gosta de ouvir relatos e julga muito precipitadamente; só posso concluir que você é um homem mal-humorado que não está apto para conversar. Adeus.

---

101. 2 Coríntios 10:18.
102. Veja Judas 12-16. Cristãos professos que falam, mas não obedecem, trazem corrupção e desgraça para o povo de Deus.

Então, Cristão aproximou-se e falou ao seu irmão: "Eu disse o que iria acontecer: as suas palavras e os seus desejos não poderiam concordar; ele prefere deixar sua companhia do que mudar sua vida. Mas ele se foi, e eu digo, deixe-o ir, é a sua perda. Ele nos livrou do problema em deixá-lo. Ele teria sido um obstáculo para nós. Além disso, o apóstolo diz: "foge destas coisas".[103]

FIEL: Fico feliz porque tivemos esta discussão, no entanto, quem sabe ele pense sobre o assunto algum dia. Fui sincero e por isso sou inocente do sangue dele se, porventura, a morte for seu destino final.[104]

CRISTÃO: Você fez bem em falar tão claramente. É assim que os cristãos devem lidar com os homens atualmente. Isto torna a religião muito desagradável para muitos,[105] pois esses tolos tagarelas, cuja religião está somente na palavra e tem o comportamento corrupto (ainda sendo muitas vezes admitido na comunhão com os santos),[106] confundem o mundo, difamam o cristianismo e entristecem os sinceros. Desejo que todos os homens lidem com eles como você. Portanto, ou se tornam mais verdadeiros em sua religião ou a companhia dos santos será desagradável para eles.

Em seguida, Fiel exclamou:
Como Loquaz é presunçoso!
Como seu discurso é corajoso!
Como pressupõe ter tudo em sua mão!
Mas quando Fiel conversa sobre a obra da graça no coração,

---

103. Veja 1 Timóteo 6:3-11. Os puritanos praticavam a disciplina na igreja e retiravam a comunhão dos membros pecadores.
104. Atos 20:26; Ezequiel 33:1-9.
105. Os puritanos temiam conversões superficiais e experiências religiosas falsas.
106. Cristão relembra as entrevistas no Palácio Belo, quando ele teve que dar um relato de sua conversão e da vida cristã. Os puritanos olhavam com desagrado os "membros da igreja fácil".

Sua eloquência é abalada.
E assim sucederá com a vida não transformada.[107]

Assim, eles continuaram a conversar sobre o que tinham visto no caminho, tornando a jornada mais fácil, o que, de outra forma, teria sido tediosa, pois agora passavam por um deserto.

Quando eles estavam quase fora deste deserto, Fiel olhou para trás e viu alguém que seguia após eles e o reconheceu. "Ó!" disse Fiel, "olhe quem vem lá!" Cristão olhou e disse: "É o meu bom amigo Evangelista." "E é o meu bom amigo também, pois foi ele quem me mostrou o caminho para o portão", explicou Fiel.[108] Evangelista os alcançou e os cumprimentou:

EVANGELISTA: Paz seja com vocês, meus amados, e paz para aqueles que os ajudaram.

CRISTÃO: Bem-vindo, muito bem-vindo, meu bom Evangelista! Seu semblante me faz lembrar da bondade e de seu trabalho para o meu bem eterno.

FIEL: Mil vezes bem-vindo! Como nós, pobres peregrinos, ansiamos por sua companhia!

EVANGELISTA: Como têm se saído, meus amigos, desde que nos vimos pela última vez? Com quem vocês se encontraram e como foi seu comportamento?

Cristão e Fiel contaram todas as coisas que aconteceram durante o caminho e, como e com qual dificuldade chegaram àquele lugar.

EVANGELISTA: Estou feliz, não porque encontraram obstáculos, mas por terem se tornado vitoriosos e que, apesar de muitas fraquezas,

---

107. A "obra no coração" é o agir de Deus no coração humano. Loquaz tem as palavras certas em seus lábios, mas carece de uma experiência pessoal da graça divina.
108. Esta é a terceira aparição de Evangelista. Ele encontrou Cristão no início da peregrinação para instruí-lo no caminho da cruz. Ele o encontrou após ele falhar em corrigir seus erros no monte Legalidade. Agora, ele encontra os dois peregrinos para prepará-los para as provações que encontrarão na Feira das Vaidades. Bunyan vê evangelista não apenas como alguém que ganha o perdido, mas também como aquele que ensina e ajuda a guiar os cristãos no caminho certo.

continuaram no caminho até o dia de hoje.[109] Quer dizer, estou contente por tudo isso, por mim e por vocês. Eu semeei e vocês colheram. O dia está chegando quando tanto o que plantou e os que colheram se alegrarão juntos. Isto é, se permanecerem firmes, no devido tempo, vocês colherão, se não desanimarem.[110] A coroa incorruptível está diante de vocês, então corram para obtê-la.[111] Alguns partiram para conquistar a coroa, e depois de ir muito longe, outros vêm e a carregam com eles. Mantenham o que vocês têm, e que ninguém tome a sua coroa. Vocês ainda não estão fora do alcance do diabo, não têm resistido com seu próprio sangue, deixem o reino estar sempre diante de vocês, e acreditem firmemente nas coisas que são invisíveis.[112] Que nada deste mundo faça parte de vocês; e, acima de tudo, atentem para as concupiscências de seu próprio coração, pois ele é enganoso e desesperadamente corrupto; resistam com determinação, pois vocês têm todo o poder do Céu e da terra ao seu lado.[113]

Cristão agradeceu-lhe a exortação e disse que gostaria que ele falasse mais para auxiliá-los no restante do caminho, pois sabiam que ele era um profeta, e poderia contar-lhes sobre o que lhes aconteceria e como poderiam resistir e vencer essas coisas. Fiel concordou com este pedido.

EVANGELISTA: Meus filhos, vocês já ouviram falar nas palavras do evangelho, de que passarão por muitas tribulações antes de entrar no reino do Céu.[114] E, em cada cidade, enfrentarão prisão e sofrimento;[115]

---

109. Veja Atos 26:22. Permanecer na fé é prova da verdadeira salvação.
110. João 4:36; Gálatas 6:9.
111. Em 1 Coríntios 9:24-27 Paulo se compara a um atleta que deve disciplinar-se e obedecer as regras se quiser ganhar o prêmio. Os atletas gregos ganhavam uma coroa com folhas secas de oliveira. O cristão obediente ganha uma coroa que nunca será destruída (Apocalipse 3:11).
112. Hebreus 12:4; 2 Coríntios 4:18; Hebreus 11:27.
113. Jeremias 17:9; Isaías 50:7; Lucas 9:51; Mateus 28:18.
114. Atos 14:22.
115. Isto representa o testemunho de Paulo em Atos 20:23.

portanto, não podem esperar que, enquanto a peregrinação avança, não encontrarão desafios. Vocês já encontraram algumas verdades nos testemunhos, e mais virão imediatamente, pois agora, como veem, estão quase fora deste deserto. Portanto, logo entrarão em uma cidade que, em breve, estará diante de vocês. Naquela cidade serão duramente atacados por inimigos que tentarão matá-los e, podem ter certeza, um de vocês ou ambos selarão seu testemunho com sangue, mas sejam fiéis até a morte, e o Rei lhes dará a coroa da vida.[116] Aquele que morrer lá, apesar de sua morte não ser natural e sua dor talvez maior, terá melhor sorte que seu companheiro, não só porque chegará à Cidade Celestial antes, mas porque fugirá das muitas misérias que o outro enfrentará no restante da jornada. Quando chegarem à cidade e se cumprir o que lhes contei, lembrem-se amigos, comportem-se como homens, entreguem-se ao seu fiel Criador e continuem a praticar o bem.[117]

---

116. Veja Apocalipse 2:10. Esta declaração anuncia que Fiel é aquele que entrega sua vida.
117. 1 Pedro 4:19.

As provações que aqueles homens encontram,
Homens obedientes ao chamado celestial,
São inúmeras que satisfazem o ser carnal,
Surgem, surgem e ressurgem;
Agora ou em outro momento por elas passamos,
Somos tomados, superados e vencidos.
Que os peregrinos, que os peregrinos,
Sejam vigilantes e que neguem-se pelo Senhor.

CAPÍTULO 6

EM SUA JUVENTUDE, *Bunyan visitou a grande feira realizada no Stourbridge. O Moot Hall, ainda existe na cidade natal de Bunyan, Elstow, o qual também foi cena de muitos momentos de compras e vendas do autor. A Feira das Vaidades representa o mundo e todas as suas atividades — a vaidade ou vazio da vida humana — separada de Deus. As mercadorias que eram oferecidas na feira incluíam produtos que as pessoas ímpias procuravam. E como Satanás é o deus e príncipe deste mundo, ele é o criador e diretor da Feira das Vaidades.*

Dentre tudo o que ocorria na Feira das Vaidades, Bunyan vê Cristão e Fiel compartilharem as experiências dos primeiros apóstolos, ele também baseia parte deste capítulo em seus próprios processos judiciais, bem como nos julgamentos de outros puritanos. Por exemplo, o Doutor Ódio-ao-Bem provavelmente representa os juízes que julgaram Bunyan e outros puritanos. O juiz George Jeffreys foi um dos piores e o próprio Bunyan foi julgado pelos tribunais comandados por Sir John Keelynge. Os tribunais do rei não eram favoráveis à posição puritana.

Vi, em meu sonho, que Cristão e Fiel surgiram do deserto e avistaram uma cidade diante deles. O nome dela era Vaidade e lá havia uma feira, chamada Feira das Vaidades, que funcionava durante todo o ano. É assim denominada porque tudo o que lá se vendia era vão ou inútil; e todos os que a frequentavam eram vãos. Como diz o ditado, "tudo é vaidade".[1]

Essa feira não era um evento criado recentemente, mas um antigo empreendimento. Mostrarei como começou originalmente.

Há quase cinco mil anos, peregrinos, como esses dois homens honestos, dirigiam-se à Cidade Celestial. Belzebu, Apolião, Legião,[2] e seus companheiros viram que os peregrinos passavam pelo meio da cidade de Vaidade. Decidiram criar uma feira que durasse o ano todo, onde seriam oferecidos produtos que inspirassem qualquer espécie de vaidade: casas, terrenos, comércio, cargos, honras, promoções, títulos, países, reinos, concupiscências, desejos e prazeres de todo o tipo, como prostitutas, esposas, maridos, filhos, mestres, servos, vida, sangue, corpos, almas, prata, ouro, pérolas e outras pedras preciosas.[3]

Nesta feira, poderia sempre ser encontrado: malabaristas, trapaceiros, jogos, peças de teatro, pessoas tolas, imitadores, malandros e vilões de toda espécie. Ali, também poderia ser visto, sem custo, furtos, homicídios, adultérios, mentiras e coisas de escarlate.[4]

E, como em outras feiras de menor importância, nela existem várias alamedas e ruas com nomes próprios onde as mercadorias são vendidas. Aqui também havia corredores e ruas (com nomes de países e reinos), onde as coisas desta feira poderiam ser encontradas. Na Feira das Vaidades encontram-se as alamedas Britânica, Francesa, Italiana,

---

1. Salmo 62:9; Eclesiastes 1:2,14; 2:11,17; 11:8; Isaías 40:17.
2. Todos os nomes para Satanás e seus súditos. "Legião" encontra-se em Marcos 5:9, a "legião" de demônios que vivia no homem.
3. Bunyan inspirou-se na descrição do apóstolo João de "a Grande Babilônia" em Apocalipse 18:11-14.
4. Veja Apocalipse 17:3,4; 18:12,16 para entender a importância desta cor.

Espanhola, Alemã, onde vários tipos de vaidades eram vendidas. E assim como existem mercadorias mais populares em outras feiras, nesta acontecia a mesma coisa, pois os produtos de Roma eram os mais promovidos; entretanto, somente a nossa nação inglesa e outras poucas tinham aversão a ela.[5]

Como disse, o caminho para a Cidade Celestial passava direto pela cidade em que estava a feira, portanto, todo peregrino precisava cruzar por Vaidade. Para evitá-la e chegar à Cidade Celestial, Cristão deveria "deixar este mundo".[6] O próprio Príncipe dos príncipes,[7] quando estava aqui, passou por esta cidade quando a feira estava aberta. Creio que o próprio Belzebu, o proprietário da feira, o convidou para comprar algumas de suas vaidades; sim, ele disse que o tornaria seu novo proprietário se o adorasse quando passou pela cidade. Belzebu o conduziu de rua em rua e mostrou-lhe todos os reinos do mundo, para que ele, se possível, seduzisse O Abençoado para que este se humilhasse e comprasse alguns de seus produtos, mas O Abençoado não estava interessado nas mercadorias e deixou a cidade sem gastar um centavo.

Esta feira, portanto, era um evento antigo, uma feira de longa duração e muito grande. E estes dois peregrinos, como eu disse, precisavam atravessá-la. Mas quando entraram na feira, todas as pessoas estavam entusiasmadas e os moradores da cidade faziam um grande alvoroço ao redor deles, por alguns motivos:

Primeiro, as vestimentas dos peregrinos eram distintas dos participantes da feira.[8] Portanto, as pessoas os trataram rudemente: alguns

---

5. Bunyan se refere à quebra de alianças entre a Inglaterra e Roma durante o reinado de Henrique VIII.
6. 1 Coríntios 5:10.
7. Jesus Cristo recebeu a proposta de receber os reinos e a glória do mundo, mas a recusou (Mateus 4:8-10). Satanás prometeu torná-lo "senhor da feira", mas Ele obedeceu ao Pai e resistiu a Satanás. Veja Lucas 4:5-8.
8. A justiça de Deus destaca os cristãos em meio à multidão. Veja 1 Coríntios 4:9,10; Jó 12:4.

os chamaram tolos, outros os consideraram malucos e, finalmente, foram classificados como estrangeiros.[9]

Segundo, assim como menosprezaram a aparência, não conseguiam entender o que os peregrinos diziam.[10] Cristão e Fiel falavam o idioma de Canaã, mas aqueles que participavam da feira eram homens deste mundo, portanto, para eles parecia que ambos eram originários de povos bárbaros.[11]

Terceiro, os comerciantes ficaram muito intrigados porque os peregrinos nem mesmo se interessavam por nenhum de seus artigos, nem mesmo queriam vê-los.[12] Eles não imitavam a aparência dos moradores locais e quando os chamavam para olhar as mercadorias, colocavam os dedos nos ouvidos e clamavam: "Desvia os meus olhos de contemplarem a vaidade", e olhavam para cima, o que significava que seu objetivo estava no Céu.[13]

Certo homem, notando a maneira de agir dos homens, disse em tom de zombaria: "O que vocês querem comprar?" Eles o olharam seriamente e responderam: "Compramos a verdade."[14] Isto lhes deu mais motivo para desprezar os dois homens. Alguns zombaram deles, outros os repreenderam e alguns queriam atacá-los. Finalmente, isto causou grande comoção, transformando a feira numa desordem total.[15] Notícias sobre os acontecimentos chegaram aos ouvidos do diretor da feira, que veio rapidamente e convocou alguns de seus amigos mais confiáveis para prender estes dois homens e sob custódia

---

9. Estrangeiro significa "de fora da terra", portanto, diferentes de nós e não tão bons como somos!
10. A "linguagem de Canaã" é a linguagem do povo de Deus. Veja Neemias 13:24 e 1 João 4:5,6.
11. 1 Coríntios 2:7,8; 14:11.
12. O cristão não é atraído por nem se interessa pelas coisas deste mundo (1 João 2:15-17).
13. Salmo 119:37; Filipenses 3:20,21.
14. Provérbios 23:23.
15. Toda a cena da feira é baseada no tumulto em Éfesios, causado pelo ministério de Paulo e a oposição dos ourives (Atos 19:23-41).

questioná-los. Assim, os dois foram levados a julgamento. Seus inquiridores faziam perguntas acerca de onde vinham, para onde estavam indo e por que usavam essas roupas incomuns. Os homens disseram que eram peregrinos e estrangeiros neste mundo,[16] e que dirigiam-se ao seu país, a Jerusalém celestial, e que não havia motivo para que os habitantes da cidade e comerciantes os maltratassem nem que dificultassem sua jornada, exceto quando um deles perguntou o que eles comprariam, e responderam que comprariam a verdade. Mas aqueles que tinham sido nomeados para julgá-los acreditavam que eram loucos ou causadores de tumulto na feira. Bateram neles, os sujaram com terra e os colocaram em uma prisão para servir de exemplo para todos os que estavam na feira.[17]

Vejam a Feira das Vaidades!
Lá os peregrinos são acorrentados e apedrejados,
Mesmo tendo o nosso Senhor passado por aqui,
E no Monte Calvário morrido.

Ficaram lá por algum tempo e foram objetos de diversão, malícia ou vingança dos homens, enquanto o responsável pela feira zombava de tudo que acontecia com eles. Mas como Cristão e Fiel foram pacientes e não retribuíram o mal com o mal,[18] em vez disso, responderam com palavras bondosas à maldade e aos ferimentos recebidos, alguns homens da feira ficaram mais atentos e menos preconceituosos que os demais, e começaram a repreender e culpar os mais perversos[19] pelos abusos cometidos contra os dois viajantes. Porém, o povo avançou sobre eles com muita ira, considerando-os tão maus quanto os homens na prisão, acusando-os de serem seus cúmplices

---

16. Os santos do Antigo Testamento e os cristãos do Novo Testamento olhavam para si mesmos como estrangeiros neste mundo e peregrinos em direção à Cidade Celestial. Veja Hebreus 11:13-16; 1 Pedro 2:11.
17. 1 Coríntios 4:9.
18. Eles estavam obedecendo (Romanos 12:17-21; 1 Pedro 3:9).
19. Simplesmente tipos de pessoas que começavam o tumulto (Atos 17:5).

e que deveriam compartilhar suas desgraças. Em resposta à ameaça, disseram que os homens estavam quietos e sóbrios e não queriam prejudicar ninguém, que havia muitos outros que comercializavam na feira que mereciam ser colocados na prisão, mais do que os dois homens que eles tinham maltratado.

Assim, depois de várias palavras trocadas por ambos os lados (durante as quais os dois homens se comportaram de forma sensata e sóbria), começaram a lutar entre si e a ferir-se uns aos outros. Então estes dois pobres homens foram levados novamente ao tribunal da cidade e acusados de causar os últimos problemas na feira. Em seguida, foram golpeados sem piedade e expostos por toda a feira, presos por correntes para servir de exemplo para que ninguém falasse em seu favor ou se juntasse a eles. Mas Cristão e Fiel comportaram-se com maior sabedoria e suportaram a humilhação e vergonha com tanta mansidão e paciência que conquistaram muitos homens da feira para o seu lado (embora poucos, em comparação com o restante). O povo da cidade ficou tão furioso que condenou os bons homens à morte pelo que fizeram e por iludir outros homens na feira.

Colocaram os viajantes na prisão e amarraram seus pés em troncos, até que futuras ordens fossem emitidas.[20]

Neste momento, Cristão e Fiel se lembraram do que ouviram do fiel amigo Evangelista e fortaleceram-se, pois o sofrimento confirmava o que ele tinha dito que lhes aconteceria. Também se confortaram mutuamente porque aquele que fosse escolhido para sofrer seria abençoado; entretanto, cada homem desejava secretamente receber aquela honra. No entanto, eles se comprometeram a submeter-se à vontade do Sábio dos sábios, aquele que governa todas as coisas. Estavam resignados a sua atual condição, até que Sua vontade futura fosse cumprida.

---

20. Paulo e Silas experimentaram isto em Filipos (Atos 16:24).

Finalmente, seu julgamento foi marcado e foram levados diante dos inimigos e acusadores. O nome do juiz era Dr. Ódio-ao-Bem. As acusações foram as mesmas, apenas com uma variação na forma, e o conteúdo básico foi este:

"São inimigos e perturbaram o comércio; e causaram comoção e dissensão na cidade e conquistaram parte da população com suas opiniões perigosas, em detrimento às leis do príncipe."[21]

Fiel, esforça-te e clama ao teu Deus!
Não temas a malícia dos maus, nem suas punições.
Homem, fale com ousadia, a verdade está do seu lado,
Morra por ela, e viverás em triunfo.

Então, Fiel começou a responder às acusações, dizendo que se opunha ao que fosse contra o que se dizia superior ao Altíssimo. "E quanto ao distúrbio", disse, "não fiz nada, sou um homem de paz; as pessoas que vieram a nós foram conquistadas por nossa verdade e inocência, e apenas transformaram-se do pior para o melhor. E quanto ao rei de quem vocês falam, Belzebu, inimigo do nosso Senhor, eu o desafio bem como a todos os seus anjos."

Em seguida, foram convocados aqueles que tinham algo a dizer em favor do rei, seu senhor, contra o prisioneiro no banco dos réus. Eles deveriam comparecer e dar o seu testemunho. Então, três testemunhas vieram: Inveja,[22] Superstição e Adulação.[23] Foram questionados se conheciam o prisioneiro, e o que eles tinham a dizer em favor do rei e contra ele.

---

21. Uma referência à revolta dos ourives em Éfeso, que estavam em perigo de perder seu negócio (Atos 19:25). Como os puritanos não se conformavam com a igreja do estado, foram considerados hereges e causadores da divisão. O indiciamento de Bunyan, em 1661, foi por ele ter sido um perturbador que se recusou a cooperar com a religião estatal. Mas Esperançoso foi convertido por meio do testemunho deles.
22. Mateus 27:18.
23. Adulador significa aquele que procura ganhar favores por meio de lisonja e adulação.

Inveja levantou-se e disse: "Meu senhor, conheço este homem há muito tempo e atestarei sob juramento a esse tribunal honrado que ele é...".

JUIZ: Espere um momento! Proceda-se ao juramento.

Assim, eles fizeram o juramento.

Então, Inveja continuou: "Meu senhor, este homem, independentemente do seu nome, é um dos mais vis em nosso país. Ele não respeita príncipes ou povos, leis ou costumes,[24] mas faz tudo que pode para impressionar pessoas com suas ideias desleais, chamadas por ele de princípios de fé e santidade. Certa vez, o ouvi afirmar que o cristianismo e os costumes de nossa cidade Vaidade eram diametralmente opostos entre si, e que não poderiam ser conciliados. Por isso, meu Senhor, ele não só condena todas as nossas boas obras, mas também a nós que as praticarmos.

JUIZ: Você tem algo mais a dizer?

INVEJA: Meu senhor, poderia falar muito mais, mas não pretendo cansar a corte.[25] No entanto, se os outros cavalheiros não tiverem evidências suficientes para condená-lo, oferecei novamente meu testemunho contra ele.

Pediram que ficasse aguardando. Em seguida, chamaram Superstição e pediram-lhe que olhasse para o prisioneiro, perguntando que evidência ele tinha por seu senhor e rei contra o homem. Após fazer o juramento, começou seu testemunho.

SUPERSTIÇÃO: Meu senhor, não o conheço muito bem, nem quero; entretanto, durante uma conversa que tive com ele outro dia, percebi que era encrenqueiro.[26] Enquanto conversávamos, disse que nossa religião é inútil e não agrada a Deus. Vossa Excelência bem

---

24. Os primeiros apóstolos foram acusados de quebrar a lei e costumes romanos (Atos 16:20,21; 17:7).
25. Atos 24:4.
26. Paulo foi acusado disto (Atos 24:5).

sabe que ao dizer isso, ele acusa nossa adoração como sendo vã, que continuamos em nossos pecados e finalmente seremos condenados. É isso que tenho a dizer.[27]

Em seguida, Adulação também fez o juramento e disse ao tribunal o que sabia em favor do seu senhor e rei contra o prisioneiro no banco dos réus.

ADULAÇÃO: Meu senhor, e cavalheiros, conheço este homem há um bom tempo, e ouvi coisas que não tenho a ousadia de repeti-las, pois elas insultam nosso nobre príncipe Belzebu e fala com desprezo de seus honrados amigos como o senhor Homem-Velho, o senhor Prazer-Carnal, o senhor Comodidade, o senhor Desejo-de-Vanglória, o respeitável ancião senhor Luxúria, o Cavalheiro Voracidade junto a todo restante de nossa nobreza. Ele ainda disse mais, disse que se tivéssemos a mesma fé, nenhum destes nobres homens continuaria a viver nesta cidade. Além disso, ele também não teve medo de falar contra você, meu senhor, que agora é o seu juiz, chamando-o de vilão ímpio e ainda usou muitos outros termos difamatórios, com os quais caluniou a maioria dos cavalheiros de nossa cidade.

Quando Adulação apresentou seu testemunho, o juiz dirigiu-se ao prisioneiro no banco dos réus dizendo: "Você que é renegado, herege, traidor, ouviu o que estes honestos cavalheiros testemunharam contra você?"

FIEL: Posso dizer umas poucas palavras em minha defesa?[28]

JUIZ: Você merece a morte; mas para que todos vejam como somos justos, ouçamos o que um vilão renegado tem a dizer.[29]

---

27. Quando Paulo pregou em Listra e falou que o povo deveria "abandonar as vaidades e voltar-se para o Deus vivo", foi apedrejado (Atos 14:8). A consequência? Fiel foi assassinado!
28. Paulo afirmou quando enfrentou a multidão de judeus (Atos 22:1).
29. Essa foi a sentença da multidão para Paulo (Atos 22:22). O juiz cede aos preconceitos antes do fim do julgamento.

FIEL: Primeiro, respondendo à acusação do Sr. Inveja, o que realmente falei foi que qualquer regra, lei, costume ou mesmo um povo que esteja contra a Palavra de Deus é diametralmente oposto ao cristianismo. Se eu falei mal, convença-me do erro e estarei pronto para retratar-me diante de vocês.[30]

Quanto à segunda acusação que o Sr. Superstição apontou, disse somente isto: Que a fé Divina é exigida na adoração de Deus; mas não existe fé Divina sem a revelação Divina da vontade de Deus. Portanto, qualquer coisa que é feita na adoração a Deus e que não esteja em acordo com à revelação Divina provém da fé humana, a qual não traz vida eterna.

Respondendo ao que Sr. Adulação falou, digo (evitando os termos que me acusariam de injúria e afins) que o príncipe desta cidade e seus assistentes, mencionados por este cavalheiro, estão mais aptos para o inferno do que para esta cidade e país, e que o Senhor tenha misericórdia de mim!

Então o juiz dirigiu-se ao júri, que estava ouvindo e observando: "Cavalheiros do júri, vocês veem este homem, causador de grande alvoroço nesta cidade.[31] Ouviram os testemunhos contra ele apresentados por estes valorosos cavalheiros. Também ouviram a resposta e confissão do réu. Devem decidir agora se deve viver ou morrer, mas acho adequado primeiro instruí-los sobre nossas leis."[32]

"Existia um decreto nos dias de Faraó, o Grande, servo de nosso príncipe, que todos que fossem contrários à religião não deveriam

---

30. Nesta cena do julgamento, Bunyan combina elementos do julgamento de Jesus e de Paulo (João 18:23).
31. Houve um tumulto em toda a cidade de Éfeso (Atos 19:28).
32. O juiz usa a Bíblia para tentar provar seu caso! Faraó ordenou que os bebês meninos judeus fossem afogados (Êxodo 1); Nabucodonosor comandou uma adoração unificada (Daniel 3); e Dario exigiu que toda oração fosse oferecida a ele (Daniel 6). Os puritanos viviam em uma época em que o rei requeria uma religião estatal e eles se recusaram a aceitá-la. O juiz usa somente fatos que provam o seu caso; ele não mencionou que em todos os três exemplos foi a minoria que venceu!

se multiplicar e fortalecer; por isso, todos os bebês do sexo masculino deveriam ser lançados no rio. Também houve outro decreto, na época de Nabucodonosor, o Grande, outro servo de nosso príncipe, determinando que quem não se ajoelhasse e adorasse sua imagem de ouro deveria ser jogado na fornalha. Havia também outra decreto nos dias de Dario que estabelecia que se alguém, num dado momento, adorasse outro Deus que não fosse ele, deveria ser jogado na cova dos leões. Agora este rebelde quebrou a substância destas leis, não somente em pensamento (o que é ruim o suficiente), mas também em palavras e ações, o que é intolerável."

"No caso de Faraó, sua lei foi fundamentada em uma suposição, para prevenir enganos, visto que ainda não havia crime aparente; mas aqui o crime é evidente. Em relação ao segundo e o terceiro caso, podemos ouvir seus argumentos contra nossa religião e pela traição confessa, ele merece morrer."

Então, o júri composto pelos senhores Cegueira, Injustiça, Malícia, Lascívia, Libertinagem, Temeridade, Altivez, Malevolência, Mentira, Crueldade, Ódio-à-Luz e Implacável saíram para deliberar;[33] cada um deu seu veredito particular e em seguida unanimemente o declararam culpado. O primeiro dentre eles, o Sr. Cegueira, presidente dos jurados, disse: "Vejo claramente que este homem é um herege." Em seguida, Sr. Injustiça falou: "Tira tal homem da terra!"[34] "Eu concordo", falou Sr. Malícia, "por que odeio simplesmente olhar para seu rosto." O Sr. Lascívia acrescentou: "Nunca pude suportá-lo." "Nem eu", completou o Sr. Libertinagem, "pois estava sempre me condenando." "Enforque-o, enforque-o!", exclamou o Sr. Temeridade. "É um patife,"[35] acusou o Sr. Altivez. "Meu coração se levanta contra ele", revelou o Sr. Malevolência. "Ele é um trapaceiro", vociferou

---

33. Veja 2 Timóteo 3:4. Este foi um júri grande, para dizer o mínimo!
34. Atos 22:22.
35. Uma pessoa insignificante.

Sr. Mentira. "A forca é boa demais para ele", propôs o Sr. Crueldade. "Vamos nos livrar dele", sugeriu o Sr. Ódio-à-luz. Então o Sr. Implacável falou: "Mesmo se todo o mundo fosse dado a mim em troca deste homem, não poderia aceitá-lo, por isso vamos trazer imediatamente o veredito de culpado e sentenciá-lo à morte." E assim o fizeram.

Portanto, Fiel foi condenado à morte mais cruel que pôde ser criada. Eles o conduziram para fora e o puniram de acordo com sua lei. Primeiro, mandaram açoitá-lo, em seguida o esbofetearam e o esfaquearam. Depois o apedrejaram, o golpearam com espadas e, finalmente, queimaram-no na fogueira até que se tornasse cinzas.[36] E foi assim que Fiel morreu.

Vi, atrás da multidão que lá estava, uma carruagem atrelada a alguns cavalos, esperando Fiel para, assim que fosse assassinado por seus adversários, o apanhassem imediatamente e o transportassem através das nuvens, com sons de trombetas, no caminho mais próximo ao Portão Celestial.[37]

> *Bravo Fiel, lutou bravamente com palavras e ações;*
> *Juízes, testemunhas e júri o tentaram derrotar.*
> *E mostraram todo seu ódio;*
> *A morte os aguarda, enquanto ele, vida eterna receberá.*

Mas quanto a Cristão, este recebeu um indulto e voltou para a prisão. Lá permaneceu por um bom tempo, mas Aquele que governa todas as coisas e tem o poder do ódio deles em Sua própria mão[38] habilitou Cristão para escapar deles e continuar em seu caminho. E enquanto seguia, ele cantava:

---

36. João 18:31; 19:7; Mateus 26:67; 27:26.
37. Esta foi a maneira pela qual o profeta Elias foi ao Céu (2 Reis 2:11). Para o cristão, o sofrimento apenas conduz à glória.
38. Salmo 76:10.

Fiel, foste fiel ao seu Senhor,
Serás abençoado com louvor,
Os infiéis, com seus prazeres vãos,
No inferno, com súplicas e agonia clamarão:
Canta Fiel, canta e deixa teu nome subsistir;
Pois apesar de o matarem, ele ainda está vivo.

*Fiel, esforça-te e clama ao teu Deus!
Não temas a malícia dos maus,
nem suas punições.
Homem, fale com ousadia,
a verdade está do seu lado,
Morra por ela, e viverás em triunfo.
Canta, Fiel, canta e deixa teu nome subsistir;
Pois apesar de o matarem, ele ainda está vivo.*

CAPÍTULO 7

A DESPEITO DE TUDO *o que havia acontecido na Feira das Vaidades, Cristão vê a atuação divina. A morte de Fiel engrandeceu a Deus, conquistou Esperançoso e impediu que os homens matassem Cristão, permitindo que continuasse a jornada.*

Agora, Cristão tem um companheiro novo e diferente. Novamente, Bunyan nos relembra que nem todas as conversões são semelhantes, nem todos os cristãos. Portanto, as personalidades e experiências dos dois homens são complementares, não contraditórias.

Nesta etapa da jornada, Cristão e Esperançoso aproximaram-se do Castelo da Dúvida, indicando que até os peregrinos mais experientes, como estes dois homens podem ter momentos de dúvida e desespero. Bunyan passou por estágios de dúvidas e desespero quando procurava o Senhor e a segurança da salvação. Ele escreveu em Graça abundante *(Ed. Fiel, 2006): "Comecei a pensar que é difícil orar a Deus, devido ao desespero que me consumia."*

Vi em meu sonho que Cristão não estava sozinho, pois Esperançoso, que se convertera ao Senhor por meio das palavras e atos que Cristão e Fiel em seus sofrimentos na feira, uniu-se a ele e prometeu que seria seu companheiro de viagem. Em lugar daquele que morrera para ser testemunho da verdade, outro surgiu das cinzas para ser um companheiro de peregrinação para Cristão. Esperançoso também contou a Cristão que havia muito mais homens na feira que eventualmente os seguiriam.

Assim que deixaram a feira, olharam à sua frente e viram um homem chamado Interesse-Próprio.[1] Perguntaram-lhe: "Senhor, de que país você veio e para onde vai?" Ele respondeu que vinha da cidade de Boas-Palavras[2] e seguia para a Cidade Celestial, mas não lhes disse seu nome.

CRISTÃO: De Boas-Palavras? Existe algo bom ali?

INTERESSE-PRÓPRIO: Espero que sim.

CRISTÃO: Fale-me, senhor, como posso chamá-lo?

INTERESSE-PRÓPRIO: Somos estranhos um para o outro. Se for por este caminho, ficarei feliz em ser sua companhia, se não, devo permanecer contente.

CRISTÃO: Já ouvi falar sobre sua cidade e, pelo que me lembro, dizem que é um país rico.

INTERESSE-PRÓPRIO: Sim. Confirmo que realmente é e tenho muitos parentes ricos lá.

CRISTÃO: Se me permite a ousadia, quem são seus parentes?

INTERESSE-PRÓPRIO: Quase a cidade inteira; e em particular, o Sr. Vira-Casaca, o Sr. Contemporizador, o Sr. Boas-Palavras (cujo

---

1. Interesse-Próprio é aquele que usa meios vis para alcançar seus objetivos. Os fins justificam os meios. Assim como Flexível e Obstinado deixaram a Cidade da Destruição, mas não foram bem-sucedidos, Interesse-Próprio saiu da Feira das Vaidades, mas não alcançou a Cidade Celestial. Bunyan continua lembrar-nos que existem "mestres" de religião, que não vivem o evangelho.
2. Provérbios 26:25; Romanos 16:18.

ancestrais deram o nome à cidade), os senhores Afago, Duas-Caras, Qualquer-Coisa — vigário da nossa paróquia —, e Duas-Línguas,[3] irmão de minha mãe. Na verdade, meu bisavô foi um simples remador, que olhava para um lado e remava para o outro e foi assim que conseguimos nossa riqueza.[4]

CRISTÃO: Você é casado?

INTERESSE-PRÓPRIO: Sim, minha esposa é muito virtuosa e filha de uma mulher virtuosa. Ela é filha da Sra. Impostora; portanto, vem de uma família respeitável, e com uma excelente educação. Ela sabe lidar com todos, desde o príncipe até os camponeses. É verdade que divergimos de religiões mais rígidas, mas somente em dois pontos: primeiro, nunca ficamos contra o vento e a maré; segundo, sempre somos mais zelosos quando a religião caminha com chinelos de prata, quando o sol brilha e quando as pessoas aplaudem nossas crenças.[5] Então, Cristão parou ao lado de Esperançoso e disse: "Ocorre-me que este é o Sr. Interesse-Próprio, de Boas-Palavras. Se assim for, temos conosco um dos companheiros mais enganadores nesta terra." Esperançoso sugeriu: "Pergunte a ele. Acredito que não teria vergonha de revelar seu nome." Cristão aproximou-se de Interesse-Próprio e perguntou: "Senhor, você fala como se tivesse mais conhecimento do que qualquer pessoa, e se não estou enganado, acredito que sei quem você é. Não se chama Sr. Interesse-Próprio de Boas-Palavras?"

INTERESSE-PRÓPRIO: Esse não é o meu nome, mas é um apelido que recebi daqueles que não gostam de mim. E, como bons homens assim fizeram, devo aceitá-lo e suportar a crítica.

---

3. Os líderes da igreja não devem ter língua dobre (1 Timóteo 3:8).
4. Aqui, o bom humor de Bunyan é mostrado: o remador estava "olhando para um lado e remando para outro", uma descrição perfeita de uma pessoa indecisa.
5. A teologia de Interesse-Próprio é simples: tome sempre o caminho mais fácil quando o assunto é religião. Cristão e Fiel tinham acabado de sofrer na Feira das Vaidades. Fiel perdeu a vida e Interesse-Próprio aconselhou-os a ter compromisso com a segurança.

CRISTÃO: E você não deu algum motivo para que o chamassem por este nome?

INTERESSE-PRÓPRIO: Nunca, jamais! A pior coisa que fiz foi sempre ter a sorte de adequar-me à opinião da maioria e, por este motivo, sempre estive em vantagem. Considero uma bênção as coisas se adequarem à minha visão, e não aceito que pessoas maliciosas me critiquem.

CRISTÃO: Acredito que você é o homem de quem ouvi falar; e penso que este nome combina mais com você do que está disposto a admitir.

INTERESSE-PRÓPRIO: Bem, se você pensa assim, não posso fazer nada. Se aceitasse a minha companhia descobriria que sou muito agradável.

CRISTÃO: Se desejar nos acompanhar, precisa estar contra o vento e a maré e pelo que vejo, isso é contra suas crenças. Você também deve praticar a religião na pobreza e na riqueza. Permanecer firme na fé quando estiver confinado na prisão ou quando receber aplausos nas ruas.

INTERESSE-PRÓPRIO: Você não deve impor suas crenças à minha mente, nem apoderar-se de minha fé;[6] deixe-me viver minha liberdade e acompanhá-los.

CRISTÃO: Não dê nenhum passo, a menos que esteja de acordo com nossas condições.

INTERESSE-PRÓPRIO: Nunca abandonarei meus velhos princípios, uma vez que são inofensivos e vantajosos. Se não posso acompanhá-los, irei sozinho até que alguém me alcance e deseje ter minha companhia.

---

6. Veja 2 Coríntios 1:24. Aqueles que querem seguir o caminho à sua maneira podem apelar à Bíblia.

A seguir, vi em meu sonho que Cristão e Esperançoso o deixaram, ficando certa distância à sua frente, mas um deles, olhando para trás, viu três homens seguindo Interesse-Próprio, e quando foram flagrados, fizeram uma pequena reverência, como se estivessem se despedindo.[7] Os nomes dos homens eram Apego-ao-Mundo, Amor-ao-Dinheiro e Avareza, todos conhecidos de Interesse-Próprio, pois foram colegas de escola e alunos do Sr. Cobiça, um professor de Amor-ao-Ganho, cidade localizada no município de Ambição do Norte. Este professor ensinava a arte de conseguir coisas, não importa se fosse por violência, fraude, adulação, mentira ou sob o disfarce da religião;[8] e esses quatro cavalheiros aprenderam tão bem a arte de seu mestre que poderiam conduzir suas próprias escolas.

Bem, depois de se cumprimentarem, o Sr. Amor-ao-Dinheiro perguntou a Interesse-Próprio: "Quem são aqueles dois à nossa frente?" (Cristão e Esperançoso continuavam ao alcance da visão.)

INTERESSE-PRÓPRIO: São uma dupla de compatriotas distantes que estão em peregrinação.

AMOR-AO-DINHEIRO: Por que não esperaram pela nossa companhia? Pois acredito que todos nós estamos no mesmo caminho.

INTERESSE-PRÓPRIO: Sim, estamos. Mas eles são tão rígidos, amam tanto suas próprias crenças e não se importam com a opinião dos outros, que mesmo se um homem tiver bom caráter, mas não concordar com eles em todas as coisas, não o aceitarão entre seu rol de amigos.[9]

---

7. Interesse-Próprio foi rude com Cristão e Esperançoso ao receber os três novos companheiros.
8. 1 Tessalonicenses 2:1-6.
9. Os puritanos foram criticados por sua disciplina de vida e convicções em questões da fé. Naquela época, o membro da igreja em geral, não levava sua fé religiosa a sério.

AVAREZA: Isso é muito ruim, mas temos lido acerca de algumas pessoas legalistas;[10] e tal rigidez os faz julgar e condenar a todos, menos a si mesmos. Então fale, quais são os pontos diferentes?

INTERESSE-PRÓPRIO: Em sua forma obstinada, acreditam que é seu dever avançar na jornada em todos os tipos de clima e prefiro esperar até que o vento e a maré estejam a meu favor. Eles acham que devemos arriscar tudo por Deus. De minha parte, creio em obter toda a vantagem possível para garantir a vida e assegurar os bens materiais.[11] Eles mantêm suas crenças, apesar de todos os demais serem contra eles, mas eu sou pela religião que garante minha segurança ao longo do tempo. Eles são a favor de uma religião que os torna pobres e perseguidos, enquanto a minha garante a riqueza e os aplausos.

SR. APEGO-AO-MUNDO: Estou do seu lado, Interesse-Próprio, pois considero tolos aqueles que, tendo a liberdade em suas mãos, insensatamente a perderam.[12] Sejamos prudentes como as serpentes,[13] o melhor é cultivar o feno quando o sol brilha;[14] você pode ver como as abelhas são tolas o suficiente para sair em qualquer tempo. Deus não envia o sol e a chuva ao mesmo tempo. Se são tolos em preferir andar na chuva, vamos caminhar no tempo bom. De minha parte, prefiro uma religião que nos dê a segurança das bênçãos de Deus. Ele nos deu as boas coisas da vida, por que não iria querer que desfrutemos delas?[15] Abraão e Salomão eram religiosos e ricos. E Jó diz que um bom homem deve acumular o ouro como pó.[16] Eles não devem ter sido como os homens que viveram antes de nós, se eles são como você os descreveu.

---

10. Eclesiastes 7:16.
11. Atos 15:26.
12. Mateus 16:25.
13. Mateus 10:16; Gênesis 3:1.
14. Este provérbio familiar já tinha mais de 100 anos quando Bunyan o citou. Tinha sido publicado na Inglaterra em 1546.
15. Atos 14:17; 1 Timóteo 6:17.
16. Jó 22:24.

SR. AVAREZA: Creio que todos nós concordamos neste assunto, portanto, não precisamos discutir ainda mais.

SR. AMOR-AO-DINHEIRO: Não precisamos de mais palavras sobre este assunto, pois aquele que não acredita nas Escrituras e na razão (e sabemos que temos as duas ao nosso lado) não conhece a nossa liberdade, nem busca a sua própria segurança.

SR. INTERESSE-PRÓPRIO: Meus irmãos, todos estamos nesta peregrinação; e para que tiremos essas coisas negativas de nossa mente, deixem-me propor uma questão:

Vamos supor que um homem, pastor ou comerciante, tivesse a oportunidade de adquirir as bênçãos desta vida, mas somente se ele, pelo menos na aparência se tornasse extraordinariamente zeloso em alguns pontos da religião, os quais não o atormentavam anteriormente; não empregaria ele todos os meios para adquirir estas bênçãos e ainda assim continuaria sendo um homem honesto?

SR. AMOR-AO-DINHEIRO: Entendo o significado essencial da sua questão, e com a permissão destes cavalheiros, me esforçarei para formular uma resposta. Primeiro, falarei em relação ao pastor: supondo que ele, um homem digno, possui um pequeno benefício[17] e deseja um maior; ele tem agora a oportunidade de consegui-lo sendo mais estudioso, pregando com mais frequência e zelo, e, porque a natureza das pessoas exige, alterando alguns dos seus princípios. Da minha parte, não vejo razão para que um homem não possa fazer isto e muito mais (desde que tenha um chamado), e ainda continuar sendo um homem honesto. Pois:

1. Seu desejo por desfrutar um benefício maior tem base legal (isto não pode ser contrariado) uma vez que foi disponibilizado diante dele

---

17. Benefício era um termo anglicano e referia-se aos benefícios econômicos relacionados ao ministério como terras, casas etc. Os ministros com benefícios menores ansiavam por benefícios maiores e algumas vezes recorriam a meios ilícitos para adquiri-los. Os ministros puritanos viviam pela fé e não buscavam recompensas mundanas. Mas é claro que havia exceções em ambos os lados.

pela Providência; por isso, pode desfrutá-lo, se puder, sem levantar questões de consciência.[18]

2. Além disso, seu desejo pelo benefício o tornará mais estudioso, um pregador mais zeloso e, portanto, um homem melhor. Tornar-se um homem melhor está de acordo com a vontade de Deus.

3. Agora, quanto a sua conformidade com os desejos de seu povo, para servi-los, alterando alguns de seus princípios, isto demonstra que tem um temperamento abnegado, uma natureza gentil e vencedora, virtudes necessárias em um pastor.

4. Concluo, então, que um pastor que troca um pequeno benefício por um maior não deve ser julgado por cobiça. Ao alcançar um benefício maior seu trabalho melhora, portanto, deve ser considerado como alguém que exerce o seu chamado, dando-lhe a oportunidade de fazer o bem.

E agora, a segunda parte da pergunta, que diz respeito ao comerciante. Supondo que ele seja proprietário de uma pequena empresa, e se torne religioso; ele pode aumentar o tamanho de sua loja, talvez conseguir uma esposa rica, ou conquistar mais e melhores clientes para sua loja. De minha parte, não vejo razão pela qual isso não possa ser feito legalmente. Porque:

1. Ser religioso é uma virtude, não importa quais os meios para alcançá-la.

2. Não é ilegal casar-se com uma mulher rica ou conseguir mais clientes para sua loja.

3. Além disso, o homem que alcança bênçãos materiais por meio da religião adquire algo bom daqueles que são bons. Ao tornar-se uma pessoa boa, consegue uma boa esposa, bons clientes, bons salários. Portanto, tornar-se religioso para conquistar coisas boas é um plano muito bom e vantajoso.

---

18. Veja 1 Coríntios 10:25-27. O Sr. Avareza sabe como usar a Bíblia para apoiar suas ideias!

A resposta dada por Amor-ao-Dinheiro foi aplaudida por todos; eles concluíram que isto era sadio e vantajoso. E, pensando que não haveria nenhum homem que lhes contestasse, sabendo também que Cristão e Esperançoso estavam ao alcance de suas vozes, concordaram em lançar a questão para os peregrinos, já que se opuseram a Interesse-Próprio. Chamaram os dois homens que se detiveram para esperá-los. Enquanto se aproximavam, resolveram que Apego-ao-Mundo e não Interesse-Próprio lhes propusesse a questão, pois avaliaram que a discussão com Cristão e Esperançoso seria muito acalorada se ele lhes falasse, devido ao acontecimento anterior.

Eles se aproximaram e, depois de um breve cumprimento, Apego-ao-Mundo levantou a questão para Cristão e Esperançoso e pediram-lhe que respondessem, caso pudessem.

CRISTÃO: Até um recém-convertido pode responder dez mil questões como esta. Se é ilícito seguir a Cristo em troca de pães,[19] quanto mais abominável é fazer da religião um disfarce[20] para promover a si mesmo e seus negócios. Somente pagãos, hipócritas, diabos e bruxas pensam desta forma.

1. Quando os pagãos de Hamor e Siquém queriam a filha e o gado de Jacó, foram informados de que não haveria outro meio de conseguir a menos que fossem circuncidados e disseram a seus companheiros: Se cada um dos homens for circuncidado como nós, não só seu gado, seus bens e todos os animais não se tornarão nossos? Eles queriam a filha de Jacó e o gado. A religião de Jacó seria o disfarce usado para lograr riqueza. Leiam toda a história.[21]

---

19. Veja João 6:26,27. A multidão seguiu Jesus para ser alimentada, não para se tornar santa.
20. A aparência é, às vezes, usada para esconder um propósito verdadeiro. Caçadores costumavam se esconder atrás de um cavalo para perseguir seus objetivos.
21. Veja Gênesis 34. Os filhos de Jacó permitiriam que sua irmã se casasse com um príncipe ímpio se toda a realeza e seus súditos fossem circuncidados. Os homens aceitaram a condição e, enquanto eles se recuperavam, dois de seus filhos, Simeão e Levi, os assassinaram. E ainda usaram a religião para encobrir o crime.

2. Os fariseus eram hipócritas religiosos; as longas orações eram pretexto para apropriarem-se das casas das viúvas; e a maior condenação de Deus, era o julgamento deles.[22]

3. Judas também viveu esta religião. Era religioso para cuidar da bolsa de dinheiro dos discípulos, e para que pudesse se apropriar do que nela estava. Mas ele se perdeu e foi rejeitado como o filho da perdição.[23]

4. Simão, o mágico, também foi desta religião, pois ele queria o Espírito Santo para conseguir dinheiro e, no entanto, recebeu a sentença dos lábios de Pedro.[24]

5. O homem que usa a religião para conquistar o mundo, desperdiçará sua fé em troca do mundo, pois assim como Judas tornou-se religioso para ter o mundo, também vendeu a religião e o seu Senhor para o mundo. Portanto, responder a essa questão afirmativamente, como eu vejo que você já fez, e aceitar tal resposta como verdadeira é ser pagão, hipócrita, perverso e sua recompensa será de acordo com as obras.

Eles ficaram olhando uns para os outros, sem saber o que responder a Cristão. Esperançoso concordou com a resposta de Cristão, por isso, um grande silêncio pairou entre o grupo.[25] Interesse-Próprio e seus companheiros hesitaram, retardando o passo, enquanto Cristão e Esperançoso seguiram o caminho. Cristão falou ao amigo: "Se esses homens não conseguem permanecer firmes diante do julgamento humano, o que farão no julgamento divino? Se ficam em silêncio

---

22. Lucas 20:46,47.
23. Judas foi o tesoureiro dos discípulos, portanto, era o guardião de todo o dinheiro arrecadado para o grupo (João 12:6). Ele tinha o hábito de retirar dinheiro para seu próprio benefício. Ele vendeu Cristo por 30 moedas de prata. Veja João 6:70,71; 17:12. Perdição significa "destruição, desperdício ou ruína".
24. Veja Atos 8:1-24. Originalmente o termo "feiticeiro" referia-se a qualquer pessoa que tivesse ligação com coisas ocultas. Havia bruxos e bruxas. O termo simonia vem deste acontecimento: oferecer dinheiro para comprar poder ou posição religiosa.
25. O silêncio da convicção espiritual (Romanos 3:19).

quando são julgados por vasos de barro, o que aconteceria se fossem repreendidos pelas chamas do fogo devorador?"²⁶

Cristão e Esperançoso continuaram a jornada até chegar a uma linda planície chamada Alívio, a qual percorreram com grande alegria. Mas a planície era muito estreita, por isso, a cruzaram rapidamente.²⁷ Do outro lado havia uma pequena colina chamada Lucro e nela havia uma mina de prata. Por lá alguns passaram e quiserem vê-la devido à sua raridade,²⁸ mas quando chegavam perto do poço, o chão cedia sob eles e morriam.²⁹ Alguns foram mutilados e nunca mais foram os mesmos até o dia da morte.

A seguir vi, em meu sonho, que perto da estrada, ao lado da mina de prata, estava Demas, chamando os viajantes educadamente para vir e olhar; ele fez um convite para Cristão e Esperançoso: "Olá! Venham, quero mostrar-lhes algo."³⁰

CRISTÃO: O que poderia ser tão importante para fazer-nos abandonar o caminho?

DEMAS: Aqui temos uma mina de prata e alguns estão cavando para encontrar o tesouro. Se vocês vierem, com um pouco de esforço conseguirão muitas riquezas.³¹

ESPERANÇOSO: Vamos ver.

---

26. Hebreus 12:29; Êxodo 24:17.
27. Deus equilibra os momentos de dificuldade com momentos agradáveis. Mas note que o caminho era estreito. Os puritanos não aprovavam as coisas muito fáceis!
28. Lucro é um termo originário do Latim e significa "rico, abastado". Os filhos de Samuel se "inclinaram à avareza" (1 Samuel 8:3). Os líderes da igreja fugiam da "torpe ganância" (1 Timóteo 3:3,8). Os falsos mestres buscavam torpes lucros (Tito 1:11). Os pastores devem servir ao Senhor voluntariamente, não por dinheiro (1 Pedro 5:2). Os puritanos acreditavam em pagar um salário justo pelo trabalho honesto, mas eles não encorajavam o amor ao dinheiro o qual é a "raiz de todos os males" (1 Timóteo 6:10).
29. Mateus 13:22.
30. Na época, Demas foi obreiro de Paulo (Filemom 24); mas o abandonou, "amando o presente século" (2 Timóteo 4:10). Ele representa aqueles que abandonaram a fé para tornarem-se ricos.
31. O perigo de enriquecer rapidamente! Veja Provérbios 28:20,22.

CRISTÃO: Eu não vou. Já ouvi falar que muitas pessoas morreram neste lugar. Além disso, o tesouro é uma armadilha àqueles que o procuram,[32] pois ele os impede de prosseguir em sua peregrinação.

Cristão respondeu a Demas: "Este lugar não é perigoso? Não impediu a peregrinação de muitos?"[33]

DEMAS: Não é muito perigoso, exceto para os que são descuidados (enrubesceu ao dizer isto).

CRISTÃO: Não vamos em sua direção, mas seguiremos nossa jornada.

ESPERANÇOSO: Garanto que quando Interesse-Próprio se aproximar e receber o mesmo convite, voltará para olhá-lo.

CRISTÃO: Tenho certeza de que sim, pois esses são seus princípios e centenas já morreram ali.

DEMAS: Vocês não querem mesmo vir e ver a mina?

CRISTÃO: Desta maneira você age como um inimigo do caminho do Senhor e já foi condenado devido à sua obstinação por um dos juízes de Sua Majestade.[34] Por que tenta nos conduzir à mesma condenação? Além disso, se mudarmos o caminho, nosso Senhor, o Rei, certamente ouvirá e nos envergonharemos. Desejamos permanecer firmes diante dele.

Demas respondeu que também era um de seus irmãos, e que se esperassem um pouco se encontraria com eles.

CRISTÃO: Qual é o seu nome? Não foi seu nome que chamei?

DEMAS: Sim, meu nome é Demas; sou filho de Abraão.

---

32. 1 Timóteo 6:9.
33. A cobiça é idolatria (Colossenses 3:5). Aqui Bunyan menciona a apostasia de Israel por causa da idolatria (Oseias 4:16-19; 14:8).
34. Paulo repreende Elimas, um feiticeiro (Atos 13:10). Em 2 Timóteo 4:10 Paulo também condena Demas.

CRISTÃO: Eu o conheço. Geazi é seu tataravô e Judas é seu pai. Você seguiu seu exemplo.[35] Esta é uma armadilha muito cruel. Seu pai foi enforcado como traidor e você merece o mesmo destino. Asseguro que informaremos ao Rei acerca de sua conduta.

Depois disso, seguiram o caminho.

Por este tempo, Interesse-Próprio e seus companheiros surgiram e vi que foram direto para Demas na primeira vez que os chamou. Não é possível ter certeza se caíram no poço, se desceram para cavar em busca do tesouro, ou se foram sufocados pelos gases venenosos. Não tenho certeza, mas o que observei é que nunca mais foram vistos no caminho. Então Cristão cantou:

Interesse-Próprio e Demas ambos concordam;
Um convida e o outro aceita;
Juntos o lucro dividirão;
Mas nada, além deste mundo, receberão.

Vi que os peregrinos chegaram ao outro lado desta planície e se aproximaram de um local em que havia um monumento antigo, bem ao lado do caminho. Ambos ficaram incomodados com a estranha forma que visualizavam, pois lhes parecia uma mulher transformada num tipo de coluna. Eles ficaram observando por um longo período sem poder dizer o que era. Finalmente, Esperançoso viu algo escrito na cabeça da estátua. Era uma escrita incomum, mas ele, não sendo acadêmico, chamou Cristão (pois este era mais culto) para ver se descobria o significado; ele se aproximou e descobriu o que estava escrito: "Lembrai-vos da mulher de Ló."[36] Cristão leu para o amigo e depois concluíram que aquele monumento era a estátua de sal na qual a esposa de Ló

---

35. Geazi era servo do profeta Eliseu (2 Reis 4–5). Ele mentiu para Naamã, que Eliseu havia curado e pegou algumas riquezas contra a vontade do profeta. Ele foi julgado por Deus pelo seu pecado. Judas foi o discípulo que tornou-se traidor e vendeu Cristo (Mateus 26:14,15; 27:3-5).
36. Lucas 17:32. A esposa de Ló desobedeceu a Deus, virou-se em direção a Sodoma, transformando-se em uma coluna de sal (Gênesis 19:26).

fora transformada quando fugiu de Sodoma e olhara para trás com um coração ambicioso. Este sinal inesperado e surpreendente deu origem a esta conversa entre eles.

CRISTÃO: Ah, meu irmão! Este sinal veio em momento oportuno, logo após Demas nos convidar para conhecer a Colina Lucro. Se tivéssemos ido, como ele quis, e você estava propenso a fazer, meu irmão, por tudo o que sei, teríamos sido como esta mulher, um espetáculo para aqueles que virão depois de nós.

ESPERANÇOSO: Desculpe-me por ter sido tão tolo e isto me fez pensar por que não me tornei como a esposa de Ló: qual a diferença entre o pecado dela e o meu? Ela apenas olhou para trás e eu tive o desejo de olhar. Que a graça seja reverenciada, e que eu seja envergonhado por permitir que tais desejos entrassem em meu coração.

CRISTÃO: Vamos registrar o que vimos aqui para nos ajudar no futuro. Esta mulher escapou de um julgamento, pois não morreu na destruição de Sodoma, mas foi destruída por outro juízo, como vimos: foi transformada em estátua de sal.

ESPERANÇOSO: Ela pode ser ao mesmo tempo uma advertência e exemplo para nós. Um alerta de que devemos evitar o pecado e um exemplo de que o julgamento virá sobre nós se não atendermos a este aviso, assim como Coré, Datã, Abirão e os 250 homens que morreram como consequência de seu pecado, tornaram-se um sinal ou exemplo para outros terem cuidado.[37] Mas, acima de tudo, existe algo que me incomoda. Pergunto-me como é que Demas e seus companheiros podem continuar tão confiantes procurando esse tesouro, por qual esta mulher que apenas olhou para trás, sem dar um único passo fora do caminho, foi transformada em uma estátua de sal. Especialmente porque desde o julgamento, que a transformou num exemplo para

---

37. Coré foi um israelita que liderou uma rebelião contra Moisés. Datã e Abirão, seus auxiliares, também foram julgados (Números 16; 26:9,10). A terra se abriu e os engoliu.

ser visto neste lugar, ela está diante deles e só precisam levantar os seus olhos.

CRISTÃO: É algo para se meditar. Isso indica que seus corações estão desesperadamente pecaminosos. Apenas posso compará-los aos que roubam diante dos juízes ou assaltam bolsas mesmo em face da forca.[38] Conta-se que os sodomitas eram "excessivamente pecadores" porque pecavam "diante do Senhor", isto é, perante Seus olhos e a despeito da bondade que Ele lhes demonstrou; a terra de Sodoma era como o Jardim do Éden.[39] Isto provocou-lhe ainda mais o zelo, e fez sua praga tão quente como o fogo do Senhor no Céu poderia fazê--lo. Com isto, é lógico concluir que aqueles que pecam abertamente, apesar dos exemplos colocados continuamente diante de si, serão julgados com mais severidade.

ESPERANÇOSO: Sem dúvida, você falou a verdade. Que misericórdia é esta, pois nem eu nem você, especialmente eu, fomos transformados num exemplo como este. Agora é o momento oportuno de agradecer a Deus, temê-lo e sempre lembrar da esposa de Ló.

Vi que os peregrinos dirigiam-se a um agradável rio que o rei Davi chamou de "o rio de Deus", e que João chamou de "rio da água da vida".[40] Agora seu caminho continuava ao longo da margem do rio, e ali Cristão e seu companheiro caminhavam com grande alegria, pois também beberam da água do rio, que era agradável e reanimava seu espírito cansado. Nas margens deste rio, de ambos os lados, havia árvores verdes com todos os tipos de frutos, e as folhas das árvores

---

38. Muitas pessoas mantinham suas bolsas penduradas em um cinto, e os ladrões cortavam as bolsas e as roubavam ou esvaziavam o conteúdo. Era comum aos ladrões roubarem os bolsos e as bolsas das multidões que assistiam as execuções. O medo de ser preso e enforcado parecia não detê-los.
39. Veja Gênesis 13:10,13. Os homens podem não nos considerar pecadores, mas é diante de Deus que somos julgados.
40. Este rio foi outro breve momento de descanso e refrigério. Jesus oferece a água viva para todos que queiram vir e saciar-se. Veja Salmo 46:4; 65:9; Apocalipse 22:1; João 7:37-39; Ezequiel 47.

tinham propriedades curativas.⁴¹ Eles ficaram encantados com os frutos destas árvores, e os comeram junto com as folhas para prevenir a doença do excesso e outras moléstias às quais os viajantes são suscetíveis. Em ambos os lados do rio havia um prado cheio de belas flores que ficava verde o ano todo.⁴² Neste prado eles se deitaram e dormiram, pois ali poderiam descansar com segurança. Ao acordarem, comeram os frutos das árvores e beberam a água do rio e, em seguida, deitaram-se novamente para dormir. Eles fizeram isso por vários dias e noites. Assim, cantaram:

> *Bendito seja o Senhor!*
> *Ele preparou águas cristalinas, com amor,*
> *Para os peregrinos que aqui passam.*
> *Que suave fragrância exalam os verdes prados!*
> *Com iguarias para eles:*
> *E ele pode dizer quais agradáveis frutos, folhas,*
> *Estas árvores produzem.*⁴³

Quando sentiram que estavam prontos para seguir adiante (pois ainda não haviam alcançado o fim da jornada), eles comeram, beberam e partiram.

Vi, no meu sonho, que andaram poucos quilômetros quando perceberam que o rio e o caminho se separavam. Eles ficaram um pouco tristes, mas não se atreveram a sair do caminho. Quanto mais o caminho se afastava do rio, mas irregular se tornava e seus pés padeciam ao caminhar; "assim os peregrinos ficaram muito desanimados por causa do caminho".⁴⁴ Ansiavam por uma estrada melhor. Um pouco

---

41. Uma referência à árvore da vida na eternidade (Apocalipse 22:2).
42. Os pastos verdejantes de Salmo 23:2. Veja também Isaías 14:30.
43. Mateus 13:44.
44. Uma descrição dos sentimentos dos israelitas quando peregrinaram no deserto (Números 21:4). Como Israel, os dois peregrinos tiveram problemas porque queriam um caminho diferente e não se submeteram à vontade de Deus.

à frente, ao lado esquerdo, havia um prado e uma escada que permitia atravessar o muro do "Prado do Caminho Errado".[45] Em seguida, Cristão disse ao seu amigo: "Se este prado está ao lado do nosso caminho, vamos passar por ele." Subiram os degraus e viram o caminho que seguia ao lado da estrada. "É exatamente o que estava pensando", disse Cristão. "Aqui é mais fácil. Venha, Esperançoso,[46] vamos pular."

ESPERANÇOSO: Mas e se esta estrada nos levar para longe do caminho?

CRISTÃO: Não acredito que seja possível.[47] Você viu que esta trilha segue paralelamente ao nosso caminho?

Portanto, Esperançoso, persuadido por seu amigo, seguiu com ele ao longo do muro, e descobriram que este caminho era mais confortável para seus pés. Então, olharam à sua frente e viram um homem viajando na mesma trilha (seu nome era Vã-Confiança); eles o chamaram e perguntaram aonde este caminho levava.[48] Ele respondeu: "Ao portão Celestial." "Olhe," disse Cristão, "não disse a você? Estamos certos." E continuaram o trajeto com Vã-Confiança à sua frente. Mas observe, a noite chegou e a escuridão intensificou-se, com isso perderam de vista o homem à frente deles.

Os peregrinos agora, para satisfazer a carne,
Procuram a maneira fácil;
Mas, de novo mergulham, completamente na dor!
Quem procura satisfazer a carne, autodestrói-se.

Entretanto, aquele que estava adiante deles, não conseguindo ver o caminho, caiu em uma cova profunda, criada propositalmente pelo

---

45. Veja Provérbios 4:25-27. Foram avisados sobre os atalhos.
46. Esta havia sido a filosofia de Interesse-Próprio! Fazer as coisas da maneira mais fácil! Os peregrinos andavam pelo que viam não e pela fé (Romanos 14:23).
47. Cristão está superconfiante e conduz a si mesmo e ao seu amigo pelo caminho errado. Bunyan acrescenta uma anotação: "Cristãos vigorosos podem levar os fracos à perdição." Até Pedro equivocou-se e conduziu Barnabé ao pecado (Gálatas 2:11-21).
48. Salmo 118:8.

príncipe daquelas terras para pegar os tolos presunçosos. E despedaçou-se ao cair.[49]

Cristão e Esperançoso ouviram o ruído da queda. Eles o chamaram, perguntando o que havia acontecido, mas não obtiveram resposta, somente o som do seu gemido. Então Esperançoso perguntou: "Onde estamos?" mas, o seu companheiro ficou em silêncio, temendo que estivessem distante do caminho correto. Nesse momento começou a chover de maneira intensa, com fortes raios e trovões; e a trilha começou a ficar inundada.

Esperançoso gemeu, dizendo para si mesmo: "Ó, deveria ter permanecido no meu caminho!"

CRISTÃO: Quem imaginaria que esta trilha nos levaria para longe do caminho verdadeiro?

ESPERANÇOSO: Desde o princípio fiquei temeroso, por isso estava mais cauteloso. Deveria ter sido mais incisivo, mas você é mais experiente que eu.

CRISTÃO: Meu bom irmão, não se ofenda. Lamento tê-lo trazido para fora do caminho e colocado você em risco de perigo tão iminente. Por favor, me perdoe, meu irmão, não fiz isto com más intenções.

ESPERANÇOSO: Conforte-se, meu irmão, eu o perdoo, e creio também que tudo isso será para o nosso bem.[50]

CRISTÃO: Sou grato por ter um irmão misericordioso ao meu lado. Mas não podemos continuar aqui. Vamos tentar voltar.

ESPERANÇOSO: Deixe-me ir adiante, bom irmão.

CRISTÃO: Não, se você permitir, quero ir à frente. Se houver algum perigo quero ser o primeiro a enfrentá-lo, pois a culpa é minha por estarmos fora do caminho.

---

49. Isaías 9:16; Provérbios 14:12.
50. Veja Romanos 8:28. Esta não é uma desculpa para o pecado, mas é um incentivo na dificuldade.

ESPERANÇOSO: Não, você não deve ir primeiro, pois está aborrecido, e isto pode desviar-nos novamente do caminho.

Então, para seu encorajamento, ouviram uma voz que dizia, "...presta atenção na vereda, no caminho por onde passaste; regressa".[51] Mas a água subia rapidamente, tornando a estrada mais perigosa. (Então pensei: é mais fácil sair do caminho quando estamos nele, do que entrar quando estamos fora.) Tentaram voltar, mas estava tão escuro e a inundação tão alta que quase se afogaram nove ou dez vezes.

Não conseguiriam, com todas suas habilidades, voltar naquela noite até o local onde tinham pulado o muro. Finalmente, encontraram um pequeno abrigo, sentaram-se para descansar até o amanhecer, mas estando fracos, caíram no sono.

Havia, perto de onde estavam, um castelo chamado Castelo da Dúvida, propriedade do Gigante Desespero;[52] dele também era a terra onde estavam dormindo. Assim, quando levantou-se de manhã cedo e andou em seus campos, encontrou Cristão e Esperançoso dormindo em sua propriedade.[53] Com voz aborrecida e mal-humorada, ele os acordou e lhes perguntou de onde eram, e o que estavam fazendo em sua terra. Disseram-lhe que eram peregrinos e que haviam perdido o rumo. Então o gigante lhes disse: "Vocês entraram em minha propriedade e dormiram nos meus campos, portanto, devem vir comigo." Assim, foram forçados a segui-lo, pois o gigante era mais forte do que eles. Reconheciam que tinham pouco a dizer, sabendo que estavam errados. O gigante incitou-os a seguirem à sua frente e os colocou num calabouço escuro dentro de seu castelo, um lugar nojento e malcheiroso para o espírito destes dois homens. Ficaram presos desde a

---

51. Jeremias 31:21.
52. O apóstolo Paulo se desesperou "até da própria vida" (2 Coríntios 1:8).
53. Este acontecimento iniciou-se na manhã de quarta-feira e terminou na manhã de domingo.

quarta-feira de manhã até o sábado à noite, sem um pedaço de pão, uma gota de água, iluminação ou alguém que lhes perguntasse como estavam. Ficaram nesta situação horrível, longe de amigos e conhecidos.[54] Agora neste lugar, Cristão ficou inconsolável, pois foi devido à sua imprudência que estavam em tal situação.

O Gigante Desespero tinha uma esposa, chamada Incredulidade.[55] Ao ir para a cama, contou à esposa que tinha capturado dois prisioneiros e os havia lançado no calabouço por invadir suas terras. Perguntou a ela o que deveria fazer com eles. Ela quis saber quem eram, de onde vinham e para onde estavam indo. Ele deu as respostas e a esposa o aconselhou a espancá-los sem misericórdia na manhã seguinte.

Por isso, ao levantar-se, pegou um taco de golfe feito de madeira de cerejeira, e desceu para o calabouço. Primeiro, repreendeu-os como se fossem cães, entretanto, eles não esboçaram nenhuma queixa. Depois, surrou-os até que ficassem sem condições de se mover. Em seguida, abandonou-os em sua miséria. Durante todo o dia nada fizeram além de suspirar e gemer amargamente. Na noite seguinte, ao falar com o marido sobre eles e saber que ainda estavam vivos, ela sugeriu que ele os aconselhasse a cometer suicídio. Assim, pela manhã, ele desceu ao calabouço, tratou-os rudemente como antes, e vendo que estavam muito doloridos devido à surra que lhes dera no dia anterior, disse que nunca conseguiriam escapar daquele lugar, que a única saída para eles seria acabar com a própria vida usando uma faca, corda ou veneno.[56] "Por que deveriam escolher a vida, já que esta se resume a tanta amargura?", sugeriu-lhes. Entretanto, os peregrinos suplicavam

---

54. Veja Salmo 88:18. Certamente aqui é relatada a experiência de Bunyan na prisão.
55. É lógico que o Gigante Desespero era casado com Incredulidade, pois a incredulidade e desespero caminham juntos. A mulher não faz nada para os peregrinos, mas sempre diz ao marido o que fazer.
56. A esposa de Jó o aconselhou a cometer suicídio (Jó 2:9,10) assim como a esposa do gigante faz com os dois prisioneiros. É interessante notar que o tratado de João Donne sobre o suicídio publicado em 1646, afirmava que houve momentos em que o suicídio era o caminho certo a tomar. Bunyan não concordaria com ele.

que os deixassem ir. Com olhar cheio de cólera, correu em sua direção e, sem dúvida, os teria matado ele mesmo, não fosse um de seus costumeiros ataques (algumas vezes o calor do sol lhe acarretava convulsões),[57] e perdeu o uso da mão por algum tempo, por isso ele se retirou e os deixou antes de considerar o que fazer. Em seguida, os prisioneiros discutiram se deviam ou não levar em conta o seu conselho.

CRISTÃO: Irmão, o que devemos fazer? Neste momento, nossa vida é miserável. De minha parte, não sei se é melhor viver desta maneira ou morrer imediatamente. "Minha alma escolheria a forca em vez da vida, e a sepultura é melhor do que este calabouço.[58] Devemos seguir o conselho do gigante?"

ESPERANÇOSO: Na verdade nossa condição atual é terrível, a morte seria muito bem-vinda para mim, melhor do que viver assim para sempre. Mas lembremo-nos de que o Senhor do país para onde vamos, ordenou: "Não matarás." Quanto mais errado não seria matar a nós mesmos?[59] Além disso, aquele que mata outra pessoa só comete assassinato contra o corpo, mas os suicidas matam o corpo e a alma. E, ademais, meu irmão, você fala da facilidade de ir para a sepultura, mas esqueceu-se do inferno para onde os assassinos vão? Pois "todo assassino não tem a vida eterna permanente em si".[60]

Consideremos novamente que a lei não está nas mãos do Gigante Desespero. Pelo que pude perceber, outros também foram capturados por ele, mas escaparam. Quem sabe, o Deus que criou o mundo cause a morte do Gigante Desespero? Ou, talvez, em algum momento ou outro se esqueça de nos trancar? Ou pode ter mais uma de suas crises e perder o uso de seus membros? Se assim for, prometo de todo o coração, fazer o melhor para ficar longe dele. Fui um tolo em não

---

57. A dúvida aumenta com a escuridão.
58. Veja Jó 7:15. Cristão se entrega aos sentimentos e Esperançoso o encoraja.
59. Êxodo 20:13.
60. 1 João 3:15.

tentar antes, mas, meu irmão, sejamos pacientes e esperemos mais um pouco.[61] Chegará o momento em que escaparemos. Não sejamos nossos próprios assassinos.

Com estas palavras, Esperançoso acalmou o irmão, e assim suportaram a escuridão daquele dia, em sua triste condição.

Bem no início da noite o gigante desceu novamente ao calabouço para ver se os prisioneiros tinham seguido o seu conselho. Mas ao chegar lá, encontrou-os vivos, praticamente mortos, pois lhes faltava pão e água, e por causa dos ferimentos que receberam quando surrados; quase não conseguiam respirar. Mas o gigante os encontrou vivos, e com isto sentiu um intenso furor e lhes disse que por terem desobedecido o seu conselho, eles iriam desejar nunca ter nascido.

Nisto eles tremeram muito e Cristão desmaiou. Mas depois de recobrar a consciência, começaram a discutir novamente sobre fazer o que o gigante aconselhou. E, mais uma vez, Cristão estava propenso a fazê-lo, mas Esperançoso respondeu: "Meu irmão, você não recorda quanta coragem demonstrou até agora? Apolião não conseguiu destruí-lo, tampouco tudo que ouviu, viu e sentiu no Vale da Sombra da Morte. Pense sobre as dificuldades, terror e perturbação que já passou. Estou ao seu lado no calabouço; um homem que tem a natureza mais fraca que você. Este gigante também me acorrentou como fez a você e me negou pão e água, e como você, sofro sem a luz. Vamos exercitar um pouco mais de paciência; lembre-se de como foi corajoso na Feira da Vaidade, onde não teve medo das correntes, da prisão, nem mesmo da morte sangrenta. Portanto, vamos pelo menos evitar a vergonha inapropriada para um cristão e resistamos com a paciência que nos for possível."

---

61. Veja Hebreus 6:15; 12:5. Esperançoso percebe que foi permitido que chegassem a essa situação, e que o Senhor os corrigia. Tudo o que precisam fazer é confiar e ser pacientes. Ele lembra o amigo de que Deus está ao seu lado em todas as provações e que o ajudará a vencer mais essa.

Anoiteceu. O gigante e sua esposa foram para o quarto, e Incredulidade perguntou ao marido se os prisioneiros seguiram seu conselho. Gigante Desespero respondeu: "Eles são miseráveis. Preferiram sofrer a tirar a própria vida." Então ela disse: "Leve-os ao jardim do castelo e mostre os ossos e crânios daqueles que você destruiu. Faça-os acreditar que antes do fim da semana serão os próximos a serem despedaçados, como você fez com outros que vieram antes deles."

Ao amanhecer, o gigante foi até o calabouço e os levou para o jardim do castelo e fez o que a esposa sugeriu. "Esses homens era peregrinos como vocês", disse. "Eles também entraram em minha propriedade. Eu os destruí facilmente, como acontecerá a vocês em dez dias.[62] Vamos! Voltem ao calabouço!" E enquanto falava, ele os golpeava por todo trajeto. E, como nos outros dias, passaram o dia de sábado em estado deplorável.

Quando chegou a noite, a Sra. Incredulidade e seu esposo Desespero, mais uma vez conversaram sobre os prisioneiros. O velho gigante estava impressionado pelo fato de que os açoites e os conselhos ainda não tivessem destruído os peregrinos. A esposa replicou: "Temo que tenham a esperança de que alguém os livrará, ou que tenham algum instrumento que os permita escapar." "Você acredita nisso?", perguntou o gigante. "Nesse caso, irei procurá-los pela manhã."

Bem, no sábado à meia-noite os peregrinos começaram a orar até quase raiar o dia.[63]

Antes do amanhecer, o bom Cristão irrompeu em um discurso apaixonado: "Que tolo tenho sido em ficar neste calabouço terrível quando podia sair livremente! Tenho uma chave no peito chamada Promessa, a qual, estou certo, abrirá qualquer tranca do Castelo da Dúvida." Em seguida Esperançoso respondeu: "Que boas-novas, bom irmão, tire a chave do peito e veja se consegue."

---

62. Apocalipse 2:10.
63. Idem.

Cristão então pegou a chave da Promessa e tentou abrir a porta do calabouço, enquanto girava, o ferrolho deslizou para trás, a porta se abriu facilmente e ambos saíram. Dirigiram-se à porta externa que dava para o pátio do castelo, e com sua chave também abriu aquela porta. Depois abriu o portão de ferro, pois também precisava ser aberto.[64] A fechadura era muito difícil de girar, mas a chave fez abri-la. Em seguida, abriram o portão para fugir rapidamente, mas o portão rangeu tão forte ao abrir que despertou o Gigante Desespero. Ele levantou-se apressadamente para alcançar os prisioneiros, mas sentiu as pernas falharem, pois teve um de seus ataques novamente, de modo que não conseguiu ir atrás deles. Então, Cristão e Esperançoso chegaram à estrada do Rei, e, portanto, encontraram-se a salvo, porque estavam fora da jurisdição de Desespero.

Agora, quando voltaram pela escada que cruzaram inicialmente, começaram a pensar em como poderiam evitar que outras pessoas caíssem nas mãos do Gigante Desespero. Eles decidiram erigir uma coluna e gravar esta frase sobre ela: "Esse caminho vai para Castelo da Dúvida, propriedade do Gigante Desespero, que despreza o Rei do País Celestial e tenta destruir seus santos peregrinos." E assim, muitos dos que seguiram o caminho liam a mensagem e escapavam do perigo. Em seguida, cantaram:

Saímos do caminho de nossa jornada,
E descobrimos o que significava pisar em terra proibida.
E aqueles que virão, tenham cuidado,
A fim de que a negligência não os torne como nós,
Os que a transpassam se tornam prisioneiros
Do Castelo da Dúvida e daquele que se chama Desespero.

---

64. Atos 12:10.

CAPÍTULO 8

DEPOIS DO SOFRIMENTO COM *Desespero e Dúvida, os peregrinos Cristão e Esperançoso chegaram rapidamente às Montanhas das Delícias, que Cristão havia visto à distância pouco tempo antes. Ele realmente chega e aprende que a vida de sofrimento do cristão é equilibrada entre momentos de descanso e alegria.*

As Montanhas das Delícias são da Terra de Emanuel, um nome para a Palestina. Lá os peregrinos encontram os Pastores, homens que representam a classe eclesiástica (a palavra pastor significa "pastorear"). Seus nomes, Conhecimento, Experiência, Vigilância e Sinceridade, descrevem as características de um pastor espiritual. O próprio Bunyan trabalhou como pastor.

Cristão e Esperançoso viajaram até chegar às Montanhas das Delícias, que pertenciam ao Senhor daquela montanha da qual falamos anteriormente; eles subiram as montanhas para olhar os jardins e pomares, vinhedos, fontes de águas, onde beberam, lavaram-se e se alimentaram livremente das uvas.[1] Sobre o cume destas montanhas, ao lado do caminho, estavam os pastores cuidando de seus rebanhos. Os dois peregrinos se aproximaram deles e, inclinando os bordões (assim como todos os peregrinos cansados fazem para conversar com alguém no caminho), perguntaram: "Quem é o dono das Montanhas das Delícias? De quem é o gado que pasta neste local?"

Às Montanhas das Delícias sobem os Peregrinos;
Onde os pastores os aguardam com conselhos; sobre
Coisas sedutoras e coisas que exigem cautela,
Com fé e temor, os peregrinos são protegidos.

PASTORES: Estas montanhas são da Terra de Emanuel, e estão à vista de Sua cidade. Também são de Sua propriedade as ovelhas, e Ele deu sua vida por elas.[2]

CRISTÃO: Este caminho conduz à Cidade Celestial?

PASTORES: Você está exatamente no caminho.

CRISTÃO: Está longe?

PASTORES: Bem longe para muitos, mas não para aqueles que anseiam alcançá-la.

CRISTÃO: O caminho é seguro ou perigoso?

PASTORES: Seguro para aqueles a quem deve ser seguro, "...mas os transgressores neles cairão".[3]

CRISTÃO: Neste lugar existe refúgio para os peregrinos que estão fracos e fatigados?

---

1. Eclesiastes 2:4-6.
2. Isaías 8:8; Mateus 1:23; João 10:11,15.
3. Oseias 14:9.

PASTORES: O Senhor destas montanhas nos ordenou acolher os estrangeiros, portanto, as coisas boas deste lugar estão disponíveis para vocês.[4]

Vi, em meu sonho, que quando os Pastores reconheceram que aqueles homens eram peregrinos, fizeram-lhes perguntas (as quais responderam como em outros momentos): "De onde são?", "Como chegaram ao caminho?", "O que os ajudou a ser perseverantes?[5] Pois poucos daqueles que iniciam a jornada a este lugar mostram suas faces nestas montanhas."[6] Quando os Pastores ouviram as respostas ficaram alegres e com olhar amável disseram: "Sejam bem-vindos às Montanhas das Delícias."[7]

Os Pastores, cujos nomes eram Conhecimento, Experiência, Vigilância e Sinceridade os seguraram pelas mãos e os conduziram até suas tendas e os fizeram participar daquilo que havia sido preparado para eles. Também disseram: "Gostaríamos que ficassem aqui para que nos conheçamos melhor. Além disso, podem desfrutar as delícias destas montanhas." Cristão e Esperançoso aceitaram o convite alegremente, assim foram descansar aquela noite, porque já era bem tarde.

Ao amanhecer, os Pastores convidaram Cristão e Esperançoso para caminhar pelas montanhas. Eles passearam por um tempo, admirando a linda vista de todo o lugar. Enquanto isso, os Pastores comentaram entre si: "Devemos mostrar a estes peregrinos algumas das maravilhas daqui?" Ao decidirem positivamente, os levaram ao monte chamado Erro, que era muito íngreme no lado oposto, e pediram que eles olhassem para baixo.[8] Cristão e Esperançoso olharam e viram vários corpos de homens que, ao caírem do alto, foram completamente

---

4. Hebreus 13:2.
5. Novamente, uma época de análise e testemunho. Veja 1 Pedro 3:15.
6. Veja Mateus 20:16; Lucas 13:23,24. Cristão e Esperançoso alcançarão a Cidade Celestial, mas muitos que encontrarão pelo caminho não chegarão.
7. Marcos 10:21.
8. Outra colina! "Erro" refere-se aos erros doutrinários.

despedaçados. Cristão perguntou: "O que significa isto?" Os pastores responderam: "Você já ouviu falar sobre aqueles que erraram por ouvir Himeneu e Fileto sobre a ressurreição do corpo?"[9] Eles responderam que sim. Os Pastores continuaram: "Eles são aqueles que vocês estão vendo esmagados no fundo desta montanha. Eles não foram sepultados, como podem ver, para servir de exemplo a fim de que ninguém suba tão alto nem se aproxime da beira deste precipício."

Vi que foram conduzidos até o topo de outra montanha chamada Cautela, e os aconselhou a olhar para longe.[10] Ao olharem, eles viram que vários homens subiam e desciam entre os sepulcros que estavam ali. Eles perceberam que tais homens eram cegos, porque algumas vezes esbarravam nas tumbas e não conseguiam sair do meio delas. Cristão perguntou: "O que significa isto?"

Os Pastores explicaram: "Vocês não viram um pouco abaixo das montanhas alguns degraus que conduziam a um prado, no lado esquerdo do caminho?" Eles responderam que sim. A seguir, os Pastores disseram: "Esses degraus conduzem diretamente ao Castelo da Dúvida, guardado pelo Gigante Desespero. Estes homens (e apontaram para aqueles que caminhavam entre os sepulcros) certa vez estavam em peregrinação como vocês agora, até que chegaram àqueles degraus. O terreno do caminho correto era muito acidentado, por isso, decidiram seguir pelos prados. Lá foram capturados pelo Gigante Desespero e levados ao Castelo da Dúvida, onde foram mantidos no calabouço por um período. Finalmente, o gigante feriu seus olhos e deixou-os vagando entre as tumbas até o dia de hoje, para que as palavras do sábio fossem cumpridas: 'O homem que se desvia do caminho do entendimento, na congregação dos mortos repousará.'"[11]

---

9. Dois hereges nos dias de Paulo que se desviaram da verdade (2 Timóteo 2:17,18).
10. Um ponto adequado para ver onde tinham estado e o que poderia lhes ter acontecido com eles se não tivessem escapado do castelo da Dúvida. É bom olhar para o passado, aprender e estar alerta em relação ao futuro.
11. Provérbios 21:16.

Cristão e Esperançoso se entreolharam, com lágrimas deslizando pela face, mas nada disseram.

Vi, em meu sonho, que os Pastores os conduziram para outro lugar, no fundo do vale, onde havia uma porta no lado da encosta. Abriram-na e viram que era um local muito escuro e cheio de fumaça. Também ouviram um estrondo como um ruído de fogo, grito de tormento e o odor de enxofre. Cristão quis saber o que era aquilo. Os Pastores responderam: "Este é outro caminho para o inferno.[12] Geralmente os hipócritas seguem por aqui; como aqueles que com Esaú vendem seu direito de primogenitura; como aqueles que com Judas vendem seu Mestre; como aqueles que com Alexandre blasfemam do evangelho; e como aqueles que com Ananias e Safira mentem e dissimulam."[13] Em seguida Esperançoso perguntou aos Pastores: "Cada um deles esteve na peregrinação como nós, não foi?

PASTORES: Sim, e estiveram no caminho por um longo tempo.

ESPERANÇOSO: Até onde foram na peregrinação, quando, miseravelmente, se perderam?

PASTORES: Alguns foram mais longe do que estas montanhas, e alguns não chegaram até aqui.

Então os peregrinos falaram entre si: "Melhor clamar ao Poderoso pedindo forças."

PASTORES: Sim, vocês precisarão usar estas forças quando as pedirem.

---

12. E esse não é o primeiro! Cristão viu a "boca do inferno" na beira da estrada quando atravessou o Vale da Sombra da Morte. Ele descobrirá um caminho para o inferno mesmo no portão do Céu!
13. Esaú vendeu sua primogenitura por um simples prato de lentilhas (Gênesis 25:29-34; Hebreus 12:16). Na época de Bunyan, os cristãos que se opunham à igreja do Estado, chamavam o livro de oração de "prato de lentilhas". Os indivíduos que estavam comprometidos com a religião do Estado eram comparados a Esaú, pois tinham vendido as coisas espirituais para ganhar as materiais. Sobre Alexandre, veja 1 Timóteo 1:20. Ananias e sua esposa, Safira, mentiram sobre a doação a Deus e morreram por causa de sua hipocrisia (Atos 5:1-11).

Neste momento, os peregrinos desejaram seguir seu caminho, e os Pastores concordaram, acompanhando-os até o fim das montanhas. Ali os Pastores disseram uns aos outros: "Vamos mostrar aos peregrinos o portão da Cidade Celestial, se conseguirem ver pelo telescópio." Agradecidos, eles aceitaram a sugestão. Os pastores os conduziram até o topo da colina chamada Limpa e lhe deram o instrumento para visualizar o portão.[14]

Eles tentaram olhar, mas a recordação das últimas coisas vistas com o Pastores fizeram-lhes as mãos tremerem; por causa desta dificuldade não podiam olhar firmemente através do telescópio. Porém, ainda assim, conseguiram ter um vislumbre do portão e da glória do lugar. Em seguida, seguiram a jornada cantando:

Os segredos pelos Pastores são revelados,
Os quais, por certo, dos homens são escondidos.
Vem aos pastores, e encontrarás, então,
Coisas profundas, misteriosas, que escondidas estão.

Quando chegou o momento de partir, um dos Pastores entregou-lhes um mapa do caminho. Outro os alertou sobre Adulador. O terceiro recomendou que não dormissem no terreno encantado e o quarto desejou que Deus os acompanhasse. Então, acordei do meu sonho.[15]

Dormi e sonhei novamente. Vi os dois peregrinos descendo a montanha pela estrada em direção à cidade. Agora, pouco abaixo da montanha, do lado esquerdo, estava o país chamado Ideias Fantásticas; e pela montanha havia um atalho de caminho tortuoso próximo ao

---

14. Mais uma colina. Nesta, Cristão e Esperançoso tiveram um vislumbre da Cidade Celestial. É a fraqueza de nossa própria natureza que nos impede de ver como deveríamos.
15. Esta frase realmente não acrescenta nada à história. Os estudiosos de Bunyan pensam que isso representa a sua libertação da prisão e sua posterior finalização do livro que começou na cadeia. Ou talvez Bunyan não quisesse que seus leitores pensassem que era dorminhoco! Os puritanos se opõem à preguiça.

caminho que os peregrinos percorriam.[16] Ali encontraram um rapaz, cheio de energia, que vinha daquele país. Seu nome era Ignorância. Cristão perguntou-lhe de onde era e para onde ia.

IGNORÂNCIA: Senhor, nasci no país que se localiza um pouco à esquerda e vou para a Cidade Celestial.

CRISTÃO: Mas como você planeja alcançar o portão? Poderá encontrar dificuldades.

IGNORÂNCIA: Entrarei do mesmo modo como as pessoas boas o fazem.

CRISTÃO: Mas o que terá para mostrar que permita sua entrada pelo portão?

IGNORÂNCIA: Conheço a vontade do meu Senhor e tive uma boa vida. Paguei o que devia, jejuei, dei o dízimo, doei aos pobres e abandonei meu país para chegar lá.[17]

CRISTÃO: Mas não entrou pela porta estreita no início desta jornada. Você entrou pelo caminho tortuoso, temo que, independentemente da opinião que tem sobre si, quando chegar o dia do julgamento, seja acusado de ladrão e assaltante, em vez de ser admitido na cidade.[18]

IGNORÂNCIA: Cavalheiros, vocês são completos estranhos para mim, não os conheço. Sigam vocês a religião de seu país e eu seguirei a religião do meu. Espero que todos sejamos vitoriosos. Sobre o portão que mencionaram, todos sabem que é muito distante de nosso país. Não me lembro de alguém em nossa parte do mundo que conheça o caminho para ele, e não importa se eles sabem ou não, pois nós temos, como podem ver, um campo verdejante e agradável que vem do nosso país até este caminho.

---

16. Enquanto progredimos espiritualmente, corremos o risco de nos tornar presunçosos. Paulo reúne ignorância e presunção em Romanos 11:25. Veja também Provérbios 26:12; Romanos 12:16.
17. Lucas 18:9-14.
18. João 10:1.

Quando Cristão viu que o homem era "sábio aos seus próprios olhos", sussurrou para Esperançoso: "Maior esperança há no insensato do que nele."[19] E acrescentou: "Quando o tolo vai pelo caminho, falta-lhe o entendimento; e, assim, a todos mostra que é estulto."[20] Devemos conversar com ele ou deixá-lo para trás e permitir que pense sobre o que lhe dissemos? Então, esperaremos por ele para ver se podemos fazer algo bom." Em seguida Esperançoso sugeriu:

Deixemos Ignorância por um pouco para meditar
No que é dito e não o deixe rejeitar;
Bom conselho seguirá,
Pois maior recompensa Ignorância não conhecerá.
Diz o Senhor àqueles que não têm compreensão:
Apesar de tê-los feito Ele não os salvará.

ESPERANÇOSO: Não é bom falar-lhe tudo de uma vez; vamos passar por ele e conversar depois, quando estiver pronto a suportar.[21]

Assim, continuaram o trajeto e Ignorância seguiu atrás. Agora, quando estavam a poucos passos à frente de Ignorância, entraram numa rua muito escura, onde encontraram um homem amarrado com sete cordas fortes a sete demônios, e estes o levaram de volta à porta que estava ao lado da montanha.[22] Agora o bom Cristão começou a tremer e Esperançoso também; porém, enquanto os demônios levavam o homem embora, Cristão olhou para ver se o conhecia, pois parecia ser Volta-Atrás, que vivia na Cidade de Apostasia.[23] Mas ele não viu seu rosto claramente, pois o homem baixou a cabeça como um ladrão capturado. Depois de passar por eles, Esperançoso olhou

---

19. Provérbios 26:5,12
20. Eclesiastes 10:3.
21. João 16:12; 1 Coríntios 3:2.
22. Mateus 12:45; Provérbios 5:22.
23. A apostasia é o pecado de afastar-se da fé uma vez professada (Hebreus 12:25). Esta é a origem do nome "Volta-Atrás." Bunyan não pensa que Volta-Atrás seja um verdadeiro cristão, pois ele o chama "mestre Apóstata" — ou seja, aquele que professa fé, mas não a possui.

para o homem e viu um papel em suas costas com a inscrição: "Profissional licencioso e abominável apóstata." Cristão revelou ao companheiro: "Agora me lembro de uma coisa que me contaram sobre o que aconteceu a um bom homem neste lugar. Seu nome era Pouca-Fé, mas era uma pessoa boa e morava na Cidade da Sinceridade.[24] O que ocorreu foi o seguinte: Na entrada para esta passagem, havia uma larga estrada onde havia um portão chamado Vereda-dos-Mortos — tinha esse nome por causa dos assassinatos que ali eram cometidos — e Pouca-Fé, que estava em peregrinação como estamos, sentou-se e caiu no sono. Neste exato momento, percebendo que havia adormecido, três trapaceiros, três irmãos chamados Covardia, Descrença e Culpa, vieram do Portão Largo. Espiaram Pouca-Fé e correndo chegaram rapidamente. Nesse momento, aquele bom homem acordou e já se preparava para retomar sua jornada quando os bandidos aproximaram-se dele e com linguagem ameaçadora ordenaram-lhe que levantasse. Com isso, Pouca-Fé ficou branco como uma folha de papel, sem força para lutar ou fugir. Em seguida Covardia ordenou: 'Entregue-nos sua bolsa'. Mas ele não obedeceu, pois não queria perder seu dinheiro. Então, Descrença correu até o homem e, enfiando sua mão no bolso dele, puxou para fora uma bolsa cheia de prata. "Ladrões! Ladrões!", gritou Pouca-Fé. Mas Culpa o atingiu na cabeça com um grande bastão, levando o pobre homem ao chão, onde ele permaneceu sangrando como se fosse sangrar até à morte. Os ladrões continuavam ao seu redor, mas, ouvindo alguém que vinha descendo pela estrada, e temendo que pudesse ser Grande-Graça, da Cidade de Boa Esperança, fugiram, deixando o bom homem abandonado.

---

24. Pouca-Fé era um dos apelidos favoritos que o Senhor deu aos Seus discípulos (Mateus 8:26; 14:31; 16:8). Bunyan parece contrastar Pouca-Fé com Volta-Atrás. Embora Pouca-Fé sofreu e foi roubado, não perdeu seu certificado que lhe garantia a entrada no Céu. Deus honra até os que têm pouca fé. Nem todos os cristãos são grandes vencedores!

Depois de um tempo, Pouca-Fé recobrou a consciência e conseguiu ficar em pé e seguir, trôpego, seu caminho."

ESPERANÇOSO: E roubaram tudo o que ele possuía?

CRISTÃO: Não. Eles não revistaram o suficiente para descobrir o local onde ele guardava suas joias, pois ainda estavam sob seu poder. No entanto, como me contaram, aquele peregrino estava preocupado com sua perda; na verdade, os ladrões conseguiram a maior parte do dinheiro para suas despesas. Ele ainda tinha uma pequena quantia, porém, não o suficiente para levá-lo até o fim de sua jornada.[25] Se não estou enganado, foi obrigado a pedir esmolas, pois era proibido vender suas joias. Apesar das esmolas e de fazer tudo o que lhe era possível, passou fome na maior parte do restante do caminho.

ESPERANÇOSO: Não causa espanto, que não tenham se apossado do seu pergaminho, o qual lhe garantia a entrada no Portão Celestial?

CRISTÃO: Realmente, não o pegaram, embora não fosse por qualquer esperteza dele, pois estava tão assustado quando o atacaram que não teve força nem habilidade de esconder nada, por isso, foi mais pela Providência Divina, do que por seu próprio esforço ele ter mantido o sagrado certificado.[26]

ESPERANÇOSO: Deve ter sido reconfortante para ele o fato de não terem levado as suas joias.

CRISTÃO: Poderia ter sido um grande conforto para ele, se tivesse usado isso como deveria, mas quem me contou a história, disse que fez pouco uso das joias no restante do caminho, pelo desânimo que sentiu por ter perdido seu dinheiro. Na verdade, esqueceu-se do pergaminho no restante da jornada e, além disso, quando se lembrava dele e se sentia confortado por esse pensamento, as memórias de sua recente derrota voltavam e o dominavam.

---

25. 1 Pedro 4:18.
26. 2 Timóteo 1:14; 2 Pedro 2:9.

ESPERANÇOSO: Pobre homem! Que grande dor certamente sentiu.

CRISTÃO: Tristeza! Sim, uma dor dilacerante! Não sentiríamos a mesma dor que ele sentiu ao ser assaltado e ferido, estando num local estranho, como ele estava? É um milagre que aquele desventurado homem não tenha morrido de tristeza! Disseram-me que se queixou amargamente quase todo o restante do caminho, contando a todos sobre como fora assaltado e espancado, descrevendo onde isso tinha acontecido, quem tinha feito isso, o que tinha perdido e como mal tinha escapado com vida.

ESPERANÇOSO: É incrível que não tenha vendido ou penhorado as joias para seu sustento no restante da jornada.

CRISTÃO: Você fala como um pássaro que acabou de sair do ovo! Onde conseguiria empenhar as joias ou para quem as venderia?[27] Suas joias não têm nenhum valor naquele país em que ele foi roubado, e nem sequer desejou algum tipo de alívio. Além disso, sem as joias no portão da Cidade Celestial, seria excluído da herança, algo que conhecia muito bem. Para ele, seria pior do que a aparência e a vilania de dez mil ladrões.

ESPERANÇOSO: Por que você está tão áspero comigo, meu irmão? Esaú vendeu seu direito de primogenitura por um prato de lentilhas, sendo que era seu maior bem; e se o fez, por que Pouca-Fé não poderia fazê-lo também?[28]

CRISTÃO: De fato, Esaú vendeu seu direito de primogenitura, e muitos outros também o fizeram; por isso, eles mesmos se excluem da bênção do Senhor, como aconteceu com aquele pobre indivíduo. Mas há diferenças entre Esaú e Pouca-Fé.[29] Comparando as suas condições,

---

27. Como um passarinho que saiu do ovo. Esta foi uma declaração indelicada da parte de Cristão que quase deixou Esperançoso zangado. Você pode culpá-lo?
28. Hebreus 12:16.
29. Cristão explica a diferença entre um incrédulo, como Esaú, e Pouca-Fé, que se manteve fiel ao Senhor.

o direito à primogenitura de Esaú era simbólico, no entanto, as joias de Pouca-Fé eram de outra espécie; o deus de Esaú foi seu apetite, não era o caso de Pouca-Fé. Esaú era dominado por seu apetite carnal, mas não Pouca-Fé. Além disso, Esaú não conseguiu ver além do tamanho de suas próprias concupiscências; "...Estou a ponto de morrer; de que me aproveitará o direito de primogenitura?",[30] ele disse. Pouca-Fé, a despeito de uma fé débil, manteve-se afastado de tais extravagâncias por meio da fé, e ela o fez valorizar suas joias a ponto de não vendê-las, como fez Esaú com sua primogenitura. Você não encontra em lugar algum que Esaú tinha fé — não, nem mesmo um pouco; por isso não é de se admirar que vendeu o seu direito de primogenitura e a sua alma para o diabo, pois isso é o que acontece quando as regras da carne predominam (como acontece com homens sem fé para resistir); pois são como o jumento, que não pode ser contido durante o seu tempo de calor.[31] Quando a mente deles está centrada em suas paixões, desejam satisfazê-las, custe o que custar. Mas Pouca-Fé era de outro temperamento, sua mente estava fixa em coisas divinas e sua existência dependia das coisas que eram espirituais e que provinham do alto. Portanto, o que ganharia na venda de suas joias (se houvesse quem as comprasse) e enchesse a mente com coisas vazias? Será que um homem daria um centavo para encher a barriga com feno, ou você poderia persuadir uma andorinha a viver em cima de alguma carniça como o corvo vive? Embora os infiéis possam penhorar, hipotecar ou vender o que têm, incluindo a própria alma, por desejos carnais, aqueles que têm fé, mesmo que seja pequena, não conseguem fazê-lo. Aqui, pois, meu irmão, está o seu erro.

ESPERANÇOSO: reconheço isto, no entanto, sua cruel reprovação quase me irritou.

---

30. Gênesis 25:32.
31. A referência é Jeremias 2:24, que descreve um asno selvagem no verão. Esaú agiu como um animal, não como um homem.

CRISTÃO: Apenas comparei você a alguns pássaros que caminham com a casca do ovo sobre sua cabeça. Mas ignore isso e considere o tema em questão e tudo ficará bem entre nós.

ESPERANÇOSO: Amigo Cristão, estou convencido de que estes três companheiros eram apenas um bando de covardes, caso contrário, você acha que eles teriam fugido, como fizeram, ao ouvir o som de alguém descendo a estrada? Por que Pouca-Fé não agiu com coragem? Eu acho que poderia ter entrado em combate com eles, cedendo apenas quando não houvesse escolha.

CRISTÃO: Muitos disseram que são covardes, mas poucos sustentam isso no momento da provação. Pela grandeza do coração Pouca-Fé não foi corajoso. Pelas suas palavras, meu irmão, se fosse com você, cederia apenas após um encontro. Quando os inimigos estão distante de nós, este é o tamanho de sua coragem, porém, se o atacassem, como fizeram a ele, imagino que você mudaria sua atitude.

Lembre-se, porém, que são apenas ladrões contratados, os quais servem o rei do abismo,[32] que, se necessário, viria resgatá-los pessoalmente; sua voz é como o rugido de um leão.[33] Eu mesmo já caí na armadilha como ocorreu com Pouca-Fé, e descobri algo terrível. Esses três bandidos me atacaram, e quando comecei a resistir como um cristão, eles pediram ajuda, e seu mestre veio em seu auxílio. Minha vida não valia um centavo, como diz o ditado, mas Deus quis que me vestisse com uma armadura de provação. Embora estivesse protegido, a luta foi difícil. Ninguém pode saber o que nos espera num combate, a menos que já tenha vivido sua própria batalha.

ESPERANÇOSO: Note, porém, que eles fugiram só de imaginar que Grande-Graça vinha em sua direção.[34]

---

32. Satanás (Apocalipse 9:1,2,11).
33. Outra ilustração de Satanás (1 Pedro 5:8).
34. Atos 4:33.

CRISTÃO: É verdade. Eles e seu mestre com frequência fogem quando Grande-Graça aparece; e não é incomum, pois ele é o campeão do Rei.[35] Creio que você verá algumas diferenças entre Pouca-Fé e o campeão do Rei. Nem todos os súditos do rei são campeões; nem podem ser, mesmo quando tentam realizar proezas de guerra como ele. É certo pensar que um rapazinho lutaria com Golias, como fez Davi? Ou que um pardal tenha a força de um touro? Alguns são fortes, outros são fracos. Enquanto alguns são muito fiéis, outros têm pequena fé. Este homem era um dos fracos, por isso, não conseguiu resistir e portanto ele foi, temporariamente, vencido.

ESPERANÇOSO: Gostaria que Grande-Graça tivesse ido socorrê-lo.

CRISTÃO: Se assim fosse, estaria extremamente ocupado, pois devo dizer que, apesar de Grande-Graça ser excelente no manejo com as armas e saber lidar com esses inimigos o suficiente enquanto os mantêm ao fio da espada, mesmo que Covardia, Descrença ou outro se apoderem dele, eventualmente eles o derrubarão. Quando um homem está caído, o que ele pode fazer?

Quem olhar com atenção para o rosto de Grande-Graça verá as cicatrizes e cortes que evidenciam o que acabei de dizer. Sim, certa vez ouvi que ele pronunciou uma frase quando estava em combate: "desesperamos até da própria vida".[36] Estes miseráveis fizeram Davi gemer, chorar e lamentar. Sim, podemos citar Hemã e Ezequias, embora campeões em seus dias, foram forçados a lutar quando assaltados por estes homens — e foram espancados por eles.[37] Certa ocasião, Pedro levantou-se contra eles, dentre todos os apóstolos, mas os

---

35. Em vez dos dois exércitos lutarem, cada rei escolhia um campeão e eles travavam uma batalha (1 Samuel 17:4).
36. 2 Coríntios 1:8.
37. Hemã, autor do Salmo 88, certamente fez uma canção de desespero e dificuldade. Ezequias foi um bondoso rei de Judá (Isaías 36–38).

inimigos o puseram fora de combate tão habilmente que logo depois, Pedro sentiu medo de uma servente.[38]

Além disso, seu rei está à sua disposição. Ele nunca está fora do alcance da voz. Se, em algum momento estiverem em situação difícil, ele, se possível, virá para ajudá-los. Dele se diz: "Se o golpe de espada o alcança, de nada vale, nem de lança, de dardo ou de flecha. Para ele, o ferro é palha, e o cobre, pau podre. A seta não o faz fugir; as pedras das fundas se lhe tornam em restolho. Os porretes atirados são para ele como palha, e ri-se do brandir da lança."[39] O que um ser humano pode fazer neste caso? Se alguém pudesse ter o cavalo que pertenceu a Jó, bem como a coragem e atributos para cavalgá-lo, provavelmente faria coisas maravilhosas. "Ou dás tu força ao cavalo ou revestirás o seu pescoço de crinas? Acaso, o fazes pular como ao gafanhoto? Terrível é o fogoso respirar das suas ventas. Escarva no vale, folga na sua força e sai ao encontro dos armados. Ri-se do temor e não se espanta; e não torna atrás por causa da espada. Sobre ele chocalha a aljava, flameja a lança e o dardo. De fúria e ira devora o caminho e não se contém ao som da trombeta. Em cada sonido da trombeta, ele diz: Avante! Cheira de longe a batalha, o trovão dos príncipes e o alarido."[40]

Todavia, peregrinos, como você e eu, não desejam encontrar-se com um inimigo, tampouco se vangloriar quando ouvem sobre a derrota de alguns, muito menos se alegrar com pensamentos sobre nossa coragem; pois aqueles que o fazem geralmente saem pior quando são provados. Veja o caso de Pedro, mencionado anteriormente. Ele se vangloriou dizendo que faria melhor e permaneceria firmemente ao lado do seu Mestre mais do que todos os outros homens, mas quem foi mais derrotado por estes vilões do que ele?

---

38. Lucas 22:54-62 relembra as tentações e derrotas desse apóstolo. A serviçal é uma referência à mulher que questionou Pedro (durante o julgamento de Jesus).
39. Jó 41:26-29.
40. Jó 39:19-25.

Portanto, ao ouvirmos sobre tais roubos na estrada do Rei, há duas coisas que devemos fazer:

1. Sair para a batalha vestidos com a armadura e não esquecer o escudo. Foi pela ausência do escudo que aquele que atacou o Leviatá não conseguiu vencê-lo. Ele não nos teme quando estamos sem a armadura e o escudo.[41] Pois quem tem habilidade diz: "...embraçando sempre o escudo da fé, com o qual podereis apagar todos os dardos inflamados do Maligno".[42]

2. Pedir ao Rei uma escolta protetora; sim, devemos rogar que esteja conosco. Esse foi o motivo do júbilo de Davi quando esteve no Vale da Sombra da Morte; Moisés preferiu a morte a dar um passo sem Deus.[43] Ó, meu irmão, se Ele estiver conosco, por que temeremos os dez mil que se colocam contra nós? Sem Ele, porém, os soberbos "serão mortos".[44]

De minha parte, já estive nessa batalha. Por causa de Sua misericórdia, estou vivo, e não me orgulho de minha coragem. Ficarei grato se não encontrar tais ataques, mas temo que não esteja fora de perigo. Entretanto, como não fui devorado pelo leão e o urso, espero que Deus nos livre dos incircuncisos filisteus.[45] Assim, Cristão cantou:

> *Pobre Pouca-Fé!*
> *Estiveste entre ladrões? Foste assaltado?*
> *Lembre-se disto: Aquele que crê e adquire mais fé; será vitorioso;*[46]
> *Sobre dez mil, em vez de somente três.*

Eles seguiram o caminho, com Ignorância em seu encalço, até chegarem a um lugar onde havia uma bifurcação. Os dois caminhos

---

41. Veja Jó 41:26-29. Provavelmente é a descrição poética de um crocodilo. E, talvez seja um simbolismo para Satanás.
42. Citação de Efésios 6:16. Significa "além das outras partes".
43. Salmo 23:4; Êxodo 33:15.
44. Salmo 3:6; 27:1-3; Isaías 10:4.
45. Referência às vitórias de Davi (1 Samuel 17:26-36).
46. 1 João 5:4.

pareciam retos como o caminho que eles deveriam seguir; e eles não sabiam qual deles escolher, pois ambos lhes pareciam bons. Entretanto, pararam com a intenção de decidir o que fazer.[47] Enquanto pensavam sobre o caminho, um homem negro, com vestes muito brilhantes, se aproximou deles e indagou por que estavam hesitantes.[48] Eles disseram que desejavam chegar à Cidade Celestial, mas não sabiam qual caminho seguir. "Sigam-me", o homem falou, "pois é para onde vou." Os peregrinos o seguiram pelo caminho que fazia intersecção com a estrada. Tal trilha fazia curvas e mais curvas,[49] e ao olhar para trás perceberam que estavam se distanciando da cidade para onde desejavam ir. Mesmo assim, continuaram seguindo aquele homem. Aos poucos, antes de perceberem, foram pegos por uma rede, e ficaram tão enlaçados que não souberam como desvencilhar-se. De repente, as vestes claras caíram das costas do homem negro e viram onde estavam. Ficaram ali caídos, lamentando a sorte, pois não sabiam como se livrar.

CRISTÃO: Agora vejo meu erro. Os Pastores não disseram para ter cuidado com os bajuladores? Como o sábio diz: "O homem que lisonjeia a seu próximo arma-lhe uma rede aos passos."[50]

ESPERANÇOSO: Eles também nos deram o mapa do caminho, mas nos esquecemos dele e caímos no caminho do destruidor. Davi foi mais sábio do que nós, pois declara: "Quanto às ações dos homens, pela palavra dos teus lábios, eu me tenho guardado dos caminhos do violento."[51]

---

47. Outro atalho perigoso (Provérbios 14:12). Note que essa nova estrada parecia tão correta como a que estavam. Enquanto progredimos na vida cristã, as tentações se tornam mais sutis. Os atalhos do início são mais óbvios.
48. Este é Adulador sobre quem os Pastores o alertaram.
49. O inimigo nos afasta gradualmente.
50. Provérbios 29:5.
51. Salmo 17:4.

Enquanto estavam presos na rede, notaram um Ser Reluzente que vinha em sua direção com um açoite de pequenas cordas na mão.[52] Quando os alcançou, perguntou-lhes de onde eram e para onde iam. Eles disseram que eram pobres peregrinos em direção a Sião, mas que tinham se desviado do caminho por seguir um homem negro em vestes brancas. "Ele nos disse para segui-lo, pois também ia para o mesmo local." O homem com o açoite na mão revelou: "Esse homem é Adulador, um falso apóstolo, que se transformou em anjo de luz."[53] A seguir, abriu a rede e os libertou. E logo lhes ordenou: "Sigam-me que os conduzirei de volta ao caminho certo." Ele os guiou de volta até o local em que encontraram Adulador. Então perguntou aos peregrinos: "Onde vocês estavam na noite passada?" Eles responderam: "Com os Pastores, sobre as Montanhas das Delícias." Em seguida questionou se os Pastores lhes haviam dado um mapa do caminho. Os peregrinos responderam que sim. Nesse momento o ser lhes perguntou: "Vocês não olharam o mapa?" Eles responderam negativamente. Ele perguntou o porquê. Eles alegaram ter esquecido. Finalmente, perguntou se os Pastores os haviam alertado sobre Adulador. Eles responderam que sim, mas nunca imaginaram que fosse um homem tão gentil.[54]

Vi, depois, em meu sonho, que ele ordenou para que deitassem; e quando o fizeram, os castigou severamente para ensinar-lhes que deveriam seguir no bom caminho. Enquanto os castigava, declarou: "Eu repreendo e castigo a todos quanto amo; sê pois zeloso, e arrepende-te."[55] Feito isto, mandou que fossem pelo caminho e seguissem cuidadosamente as instruções dos Pastores. Eles agradeceram por sua bondade e andaram suavemente pelo caminho certo, cantando:[56]

---

52. Um chicote como o que Jesus usou no templo (João 2:15).
53. 2 Coríntios 11:13,14; Daniel 11:32.
54. Romanos 16:17,18.
55. Hebreus 12:6; Deuteronômio 25:2; 2 Crônicas 6:27; Apocalipse 3:19.
56. 1 Reis 21:27; Isaías 38:15.

Aproximem-se vocês, que participam da jornada,
Vejam o que acontece com os peregrinos que se afastam!
Numa rede são enredados,
Porque os bons conselhos de nada valeram.
No momento certo são resgatados, mas vocês ainda vêm,
São disciplinados para tornarem-se úteis
Que isto lhe sirva de alerta.

Após um período de jornada, viram à distância alguém caminhando calmo e tranquilo pela estrada. Cristão comentou com seu companheiro: "Vejo um homem voltando de Sião que vem ao nosso encontro."

ESPERANÇOSO: Também vejo. Sejamos cuidadosos, para que não seja outro adulador.

O homem aproximou-se lentamente até chegar perto deles. Seu nome era Ateu e perguntou-lhes qual era seu destino.

CRISTÃO: Vamos para o monte de Sião.

Ateu começou a dar altas gargalhadas.

CRISTÃO: Por qual razão você ri?

ATEU: Porque vejo quão ignorantes são. Por que fazer uma viagem tão monótona, quando provavelmente não terão nenhuma recompensa a não ser seus esforços?

CRISTÃO: Por que pensa que não seremos recebidos?

ATEU: Recebidos! O lugar com o qual você sonha não existe em qualquer lugar no mundo.

CRISTÃO: Existe sim, no mundo porvir.

ATEU: Quando estava em casa, no meu país, ouvi sobre este lugar. Decidi procurá-lo. Estou nessa busca há 20 anos, e não sei nada mais do que já sabia desde o primeiro dia dessa busca.[57]

---

57. Eclesiastes 10:15; Jeremias 17:15.

CRISTÃO: Ouvimos que ele existe, e estamos certos de que o encontraremos.

ATEU: Se não acreditasse, quando estava em casa, não teria ido tão longe nessa busca; mas nada encontrando (e deveria ter encontrado, já que fui mais longe do que vocês), voltarei e desfrutarei das coisas que abandonei, por causa da tentativa de buscar o que agora sei que não existe.

Cristão perguntou a Esperançoso: "Será que ele tem razão?"

ESPERANÇOSO: Tenha cuidado, ele é um dos aduladores. Lembre-se do que quase nos custou ouvir indivíduos como este. O Monte Sião não existe?! Só porque, não vimos o portão da cidade, quando estávamos nas Montanhas das Delícias? Além disso, não devemos caminhar pela fé?[58]

Sigamos nesta caminhada, não deixemos que o homem com o açoite venha nos corrigir novamente. Você me ensinou o que sussurrarei ao seu ouvido: "Filho meu, se deixas de ouvir a instrução, desviar-te-ás das palavras do conhecimento." Não lhe dê ouvidos, vamos "crer e salvar a alma."[59]

CRISTÃO: Meu irmão, não perguntei porque duvidava do que cremos, mas para testar você e levá-lo a pensar honestamente sobre o que está no coração. Quanto a este homem, ele está cego pelo deus deste mundo.[60] Sigamos, sabendo que o que cremos é a verdade, e que a mentira não procede da verdade.[61]

ESPERANÇOSO: Agora "…gloriamo-nos na esperança da glória de Deus".[62]

Logo se afastaram daquele homem. Este, zombando deles, prosseguiu em seu caminho.

---

58. 2 Coríntios 5:7.
59. Provérbios 19:27; Hebreus 10:39.
60. 2 Coríntios 4:4.
61. 1 João 2:21.
62. Romanos 5:2.

O PEREGRINO

Vi, no meu sonho, que os peregrinos caminharam até entrarem em um país onde o ar deixava os estrangeiros sonolentos. Esperançoso começou a se sentir apático e sonolento.

ESPERANÇOSO: Estou com tanto sono que mal consigo manter os olhos abertos. Vamos nos deitar e tirar um cochilo.[63]

CRISTÃO: Não, não podemos, pois se dormirmos aqui, talvez não acordemos novamente.

ESPERANÇOSO: Por que, meu irmão? O sono é o deleite dos trabalhadores e nos revigoraremos se tirarmos um cochilo.[64]

CRISTÃO: Não se lembra de que um dos Pastores nos alertou sobre estarmos atentos ao chegar à Terra Encantada? Ele quis dizer que deveríamos cuidar para não adormecermos. Portanto, "não durmamos como os demais; pelo contrário, vigiemos e sejamos sóbrios."[65]

ESPERANÇOSO: Reconheço minha fraqueza e, se estivesse sozinho, arriscaria minha vida se sucumbisse ao sono. Vejo que o sábio revelou a verdade: "Melhor é serem dois do que um".[66] Até este momento, sua companhia foi a circunstância mais feliz para mim, "e você terá uma boa recompensa por seu trabalho".

CRISTÃO: Agora, para não adormecermos neste lugar, tenhamos um bom debate.[67]

ESPERANÇOSO: Concordo de todo o coração.

CRISTÃO: Por onde começamos?

ESPERANÇOSO: Iniciemos por onde Deus começou conosco. Mas você pode começar, se quiser.

---

63. Esperançoso se esquecera do alerta dos Pastores.
64. Eclesiastes 5:12.
65. 1 Tessalonicenses 5:6.
66. Eclesiastes 4:9.
67. Cristão e Esperançoso entraram em um longo debate teológico para permanecer despertos. Esses debates eram comuns entre os puritanos. Conversar sobre as experiências pessoais e verdades bíblicas encorajava os cristãos (Deuteronômio 6:6-9).

CRISTÃO: Primeiro, cantarei esta canção:

Aproximem-se, santos adormecidos,
Ouçamos a conversa desses dois peregrinos;
Aprendamos com seus sábios conselhos,
Mantenham seus olhos abertos.
Bendita comunhão entre irmãos,
Que os mantém acordados, apesar do inferno.

CRISTÃO: Vou fazer uma pergunta. Qual foi o motivo que o levou a pensar sobre o que está fazendo agora?

ESPERANÇOSO: Quer saber como comecei a me preocupar com minha alma?

CRISTÃO: Sim.

ESPERANÇOSO: Por um bom tempo desfrutei dos produtos vendidos em nossa feira. Coisas que, agora creio, me destruiriam se continuasse a praticá-las.[68]

CRISTÃO: Que coisas?

ESPERANÇOSO: Todos os tesouros e riquezas do mundo. Também amava o deboche, festas, bebidas, juramentos, mentiras, imoralidade, transgressão da guarda do dia do Senhor e outras misérias que destroem a alma. Mas, ao ouvir e considerar as coisas divinas que aprendi com você e com o amado Fiel, que morreu na Feira das Vaidades por causa de sua fé e bondade, descobri, finalmente, que "o fim dessas coisas é a morte."[69] E por estas coisas "a ira de Deus vem sobre os filhos da desobediência."[70]

CRISTÃO: Você se converteu imediatamente?

ESPERANÇOSO: Não, a princípio não estava disposto a reconhecer o mal do pecado e a condenação que resulta dele. Em vez disso,

---

68. 1 Timóteo 6:9.
69. Romanos 6:21.
70. Efésios 5:6.

quando minha mente foi tocada pela Palavra, tentei fechar os olhos contra a luz.

CRISTÃO: Mas o que o levava a manter esta atitude antes de o abençoado Espírito de Deus começar a agir em seu coração?

ESPERANÇOSO: Bem, primeiro, não sabia que era a obra de Deus agindo em mim. Nunca percebi que Deus inicia a conversão de um pecador, despertando-o do pecado. Segundo, o pecado era atrativo e não queria abandoná-lo. Terceiro, não sabia como me afastar de minhas antigas amizades, pois sua presença e suas ações eram desejáveis para mim. Por último, os momentos que estava sob a convicção do pecado eram tão incômodos e assustadores que nem mesmo podia suportar a lembrança deles.

CRISTÃO: Houve momentos em que você não se preocupava?

ESPERANÇOSO: Sim, mas quando me assombravam novamente, ficava pior que antes.

CRISTÃO: O que trazia novamente seus pecados à mente?

ESPERANÇOSO: Muitas coisas, como:

1. Se encontrasse um homem bom nas ruas, ou,

2. se ouvisse alguém ler a Bíblia, ou,

3. se minha cabeça doesse, ou,

4. se me falassem sobre a enfermidade de alguns vizinhos, ou,

5. se ouvisse um sino anunciando a morte de alguém, ou,[71]

6. se pensasse na minha própria morte, ou,

7. se ouvisse que alguém tinha morrido repentinamente,

8. mas, especialmente, quando pensava em mim mesmo e que logo deveria enfrentar o juízo.

CRISTÃO: E você conseguia livrar-se facilmente da culpa do pecado, quando qualquer destes itens vinham sobre você?

---

71. Isto lembra a famosa frase de John Donne (1631): "A morte de cada homem diminui--me, porque faço parte da humanidade; eis por que nunca pergunto por quem os sinos dobram: sei que dobram por você." Curiosamente, Bunyan foi um sineiro.

ESPERANÇOSO: Não, não conseguia, porque eles estavam ganhando grande controle sobre a minha consciência; e mesmo se pensasse sobre voltar para o pecado (embora minha mente se voltasse contra ele), me sentia duplamente atormentado.

CRISTÃO: E o que você fazia?

ESPERANÇOSO: Pensei que devia tentar mudar minha vida; caso contrário, pensei, certamente seria condenado.

CRISTÃO: E você tentou mudar?

ESPERANÇOSO: Sim. Tentei não pecar e evitar companhias pecaminosas. Comecei a praticar deveres religiosos como orar, ler a Bíblia, lamentar pelos meus pecados, falar a verdade aos vizinhos e, assim por diante. Fiz estas coisas, entre muitas outras, numerosas para contar.

CRISTÃO: E isso o fez pensar que estava certo?

ESPERANÇOSO: Por algum tempo. Mas em seguida os problemas caíram sobre mim novamente, apesar de minhas mudanças.

CRISTÃO: Como isso aconteceu, se você já era regenerado?

ESPERANÇOSO: Várias coisas trouxeram-me à mente, especialmente frases como estas: "Toda nossa justiça é trapo de imundície." "Pelas obras da lei nenhum homem será justificado." "Quando fizerdes tudo o que vos for mandado, dizei: Somos servos inúteis".[72] E muitas outras como estas. A partir desse momento comecei a argumentar comigo mesmo: Se toda justiça é trapo de imundície, se não há nada que o homem possa fazer para ser justificado cumprindo a lei e se tudo que fizermos tornar-se inútil, ainda somos indignos. Logo, é tolice pensar que podemos alcançar o Céu por meio da lei. Ademais, pensei: se um homem tem uma conta devedora numa loja, mesmo se fizer novas compras e pagar por elas, mas não saldar a dívida antiga, o lojista ainda poderá processar e enviá-lo à prisão até que pague o seu débito.

---

72. Isaías 64:6; Gálatas 2:16; Lucas 17:10.

CRISTÃO: Como você aplicou este princípio a sua vida?

ESPERANÇOSO: Pensei que tenho uma grande dívida, devido aos meus pecados registrados no livro de Deus e minha atual transformação não pagará aquela dívida. Portanto, poderia continuar com as mudanças atuais, mas como seria liberto da condenação pelas antigas transgressões?

CRISTÃO: Muito boa essa aplicação. Mas, por favor, continue.

ESPERANÇOSO: Outro ponto que tem me atormentado, mesmo com as recentes mudanças em minha vida, é que, ao observar cuidadosamente as boas ações que faço agora, ainda vejo pecado, novo pecado misturando-se com o melhor daquilo que faço;[73] logo, sou forçado a concluir que, mesmo que a minha antiga vida tivesse sido irrepreensível, ainda cometo pecado suficiente, em apenas uma atitude, para enviar-me ao inferno.

CRISTÃO: E o que você fez?

ESPERANÇOSO: Eu não sabia o que fazer, até compartilhar meus pensamentos com Fiel, meu amigo. Ele me disse que a menos que obtivesse a justiça do homem que nunca pecou, nem minha própria justiça e nem toda a justiça do mundo poderia me salvar.

CRISTÃO: E você acredita que ele disse a verdade?

ESPERANÇOSO: Se isto me fosse dito quando eu estava satisfeito com minhas próprias mudanças, talvez o chamasse de tolo, mas quando percebi minha fragilidade e o pecado que se misturava às minhas melhores ações, fui forçado a aceitar sua opinião.

CRISTÃO: E quando ele falou sobre o homem que devia encontrar, você pensou que seria possível encontrar um homem do qual se poderia com certeza dizer: "Ele jamais cometeu pecado algum?"

ESPERANÇOSO: Confesso que a princípio, as palavras pareceram-me estranhas, mas depois que conversamos e passei mais tempo em sua companhia, fiquei totalmente convencido disto.

---

73. Romanos 7:21.

CRISTÃO: Você perguntou quem era este homem e como poderia ser justificado por Ele?[74]

ESPERANÇOSO: Sim, ele disse que era o Senhor Jesus, que está ao lado direito do Altíssimo. "Você deve ser justificado por Ele, confiando somente no que Ele fez durante Sua vida na terra e Seu sofrimento na cruz."[75] Perguntei como a justiça daquele homem podia justificar outra pessoa diante de Deus. Ele me respondeu que esse homem era o próprio Deus poderoso. Ele desceu do Céu e que Ele fez o que fez e morreu sobre a cruz não por si mesmo, mas por mim. Se cresse nele, Sua justiça seria creditada à minha conta.[76]

CRISTÃO: E o que você fez?

ESPERANÇOSO: Demonstrei minhas dúvidas, pois não pensava que o Senhor estivesse disposto a me salvar.

CRISTÃO: E o que Fiel lhe disse?

ESPERANÇOSO: Ele me disse para ir a Cristo e ver. Respondi que seria muita presunção da minha parte. Ele garantiu, porém, que o convite era estendido a mim.[77] Então, me deu o livro de Jesus, Sua Palavra oficial, para me encorajar a vir gratuitamente a Ele, e que cada jota ou til escrito naquele livro continuavam mais firmes do que o Céu e a terra.[78] Perguntei-lhe o que deveria fazer quando me aproximasse de Jesus. Ele disse que deveria me ajoelhar e suplicar com todo coração e alma para que o Pai o revelasse a mim.[79] Em seguida, perguntei a Fiel como me aproximar dele, e ele me respondeu: "Vá e o encontrarás sentado no trono da graça [propiciatório], em determinado

---

74. Romanos 4:5; Colossenses:14; Hebreus 10:12-21; 2 Pedro 1:19.
75. Hebreus 5:7; 1 Pedro 2:24.
76. Cristo não era culpado, mas Deus colocou nossos pecados em Sua conta, quando Seu Filho morreu por nós. Quando o pecador confia em Cristo, a justiça de Deus é colocada em sua conta. O conceito é desenvolvido em Romanos 4.
77. Mateus 11:28.
78. Veja Mateus 24:35; 5:18. Um "jota" é uma pequena letra hebraica. Um "til" é um símbolo pequeno do alfabeto hebraico.
79. Salmo 95:6; Jeremias 29:12,13; Daniel 6:10.

período do ano, oferecendo perdão àqueles que vão a Ele."[80] Quando cheguei disse-lhe que não sabia o que dizer. E ele me recomendou que dissesse: "Deus, tem misericórdia de mim, um pecador. Ajuda-me a conhecer e a crer em Jesus Cristo;[81] pois entendo que sem a Tua justiça, e minha fé nessa justiça, estou totalmente perdido. Senhor, ouvi que és um Deus misericordioso e enviaste Seu Filho Jesus Cristo para ser o Salvador do mundo;[82] além disso, estás disposto a doá-lo a um pobre pecador como eu (e sou realmente pecador). Senhor, usa portanto esta oportunidade, e magnifica Tua graça na salvação de minha alma, por meio de Teu Filho, Jesus Cristo. Amém."

CRISTÃO: Você seguiu suas instruções?

ESPERANÇOSO: Sim, constantemente.

CRISTÃO: O Pai revelou Seu Filho a você?

ESPERANÇOSO: Não. Nem na primeira, na segunda, terceira, quarta, quinta e muito menos na sexta vez.

CRISTÃO: O que você fez?

ESPERANÇOSO: Nada. Pois não saberia o que fazer!

CRISTÃO: Você pensou em parar de orar?

ESPERANÇOSO: Sim, centenas de vezes.

CRISTÃO: E por que não parou?

ESPERANÇOSO: Creio que tudo o que ouvi era verdade, isto é, que sem a justiça deste Cristo, nada no mundo poderia me salvar. Portanto, se desistisse de orar, eu morreria, e morreria no trono da

---

80. O tabernáculo judeu era dividido em três partes: um pátio exterior, onde os animais eram sacrificados; o lugar santo, onde havia uma mesa, um candelabro e um altar de ouro para o incenso; e o lugar santíssimo, onde havia um baú de madeira chamado de "arca da aliança". Sobre a tampa desta arca, coberta de ouro, estava a imagem de um querubim em cada extremidade. Essa tampa foi chamada de "propiciatório". Era o trono de Deus no acampamento de Israel. Uma vez por ano, o sumo sacerdote aspergia sangue nesse propiciatório para cobrir os pecados do povo. Veja Êxodo 25:10-22; Levítico 16; Números 7:89, Hebreus 4:16. Por causa da morte de Jesus pelos pecadores, o trono de Deus é um trono de graça e misericórdia, e não um trono de julgamento.
81. Lucas 18:13.
82. 1 João 4:14; João 4:42.

graça. Em meio a isso, um pensamento veio a minha mente: "Se tardar, espera; pois certamente virá e não tardará."[83] Continuei orando até que o Pai mostrasse o Filho.[84]

CRISTÃO: E como Ele lhe foi revelado?

ESPERANÇOSO: Não o vi com meus olhos humanos, mas com os olhos do meu entendimento.[85] E isto foi o que aconteceu: Certo dia, eu estava profundamente triste, como nunca havia me sentido em toda a minha vida. Esta dor era o resultado da visão da magnitude e vileza dos meus pecados. E quando não esperava nada mais do que o inferno e a condenação eterna da minha alma, vi o Senhor olhar do Céu para mim e dizer: "Creia no Senhor Jesus Cristo e será salvo."[86]

No entanto, respondi: "Senhor, sou um grande, muito grande pecador." Ele me falou: "Minha graça te basta."[87] Eu perguntei: "Senhor, o que é ter fé?" E então, por meio do verso, "Aquele que vem a mim não terá fome, e quem crê em mim nunca mais terá sede," reconheci que crer e vir a Ele é a mesma coisa; e que aquele que buscou a salvação por meio de Cristo com todo o coração, realmente tinha fé nele.[88] As lágrimas me vieram aos olhos e indaguei: "Senhor, como um grande pecador como eu pode ser aceito e salvo por ti?" Eu o ouvi dizer: "o que vem a mim, de modo nenhum o lançarei fora."[89] Então perguntei: "Senhor, o que devo pensar quando me aproximar e mostrar que minha fé está em ti?" Ele me respondeu: "Cristo Jesus

---

83. Veja Habacuque 2:3. As passagens bíblicas sempre vinham à mente de Bunyan quando estava se sentindo condenado, assegurando-o de que Deus já o havia salvo.
84. Mateus 11:27.
85. Efésios 1:18,19.
86. Atos 16:30,31.
87. Essa é uma descrição da própria experiência do autor. Em *Graça abundante* (Ed. Fiel, 2006) encontramos: "Ao pensar em meu caso, ficava mais triste e temeroso. Estas palavras com grande poder repentinamente vinham a minha mente: 'A minha graça te basta', três vezes seguidas. Ó! Pensei que cada palavra era maravilhosa para mim." (Veja 2 Coríntios 12:9).
88. João 6:35.
89. João 6:37.

veio ao mundo salvar os pecadores". Ele morreu por nossos pecados, "e ressuscitou por causa da nossa justificação". "Porque o fim da lei é Cristo, para justiça de todo aquele que crê". Ele "nos ama, e, pelo seu sangue, nos libertou dos nossos pecados". "Ele é mediador entre Deus e os homens". Ele vive "sempre para interceder" por nós".[90] Entendi por estes versículos que devo procurar justiça em Sua pessoa e o pagamento de meus pecados por meio de Seu sangue;[91] e que Ele o fez em obediência à lei do Seu Pai, submetendo-se à penalidade do pecado, não por si mesmo, mas por todos que aceitarem isto por sua salvação e forem gratos. Agora minha alma está cheia de alegria, meus olhos cheios de emoção, e meu coração transbordando de amor pelo nome, pelo povo e pela maneira de Jesus Cristo agir.

CRISTÃO: Este fato foi uma revelação de Cristo em sua alma. Conte-me, que efeito isto produziu em seu espírito?

ESPERANÇOSO: Isto me fez ver que todo o mundo, a despeito de qualquer bem que possa conter, está em estado de condenação. Contudo, percebi que Deus, o Pai, que é justo, pode justificar o pecador que vem a Ele.[92] Senti grande vergonha da vileza de minha antiga vida e fiquei consternado com a consciência de minha própria ignorância; até então, nada havia me mostrado tão claramente a beleza de Jesus Cristo.[93] Esta descoberta me fez amar uma vida santa e desejar coisas que honrem e glorifiquem o nome do Senhor Jesus; sim, se tivesse milhares de litros de sangue em meu corpo, eu teria derramado completamente em honra do Senhor Jesus.

---

90. 1 Timóteo 1:15; Romanos 4:25; 10:4; Apocalipse 1:5; 1 Timóteo 2:5; Hebreus 7:24,25.
91. Não podemos satisfazer a Deus com as nossas boas obras, mas Cristo cumpriu as demandas de justiça da Lei de Deus com Sua morte na cruz. A morte de Cristo foi o pagamento feito a Deus para redimir os pecadores e libertá-los.
92. Veja Romanos 3:26. De que maneira Deus pode declarar justos os pecadores e ainda continuar sendo justo? Porque Cristo pagou a pena por seus pecados. Assim, Deus é justo (porque o pecado foi pago) e justificador daqueles que confiam em Cristo.
93. Isaías 33:17; Salmo 45.

Vi, em meu sonho, que Esperançoso olhou para trás e viu Ignorância, a quem ele e Cristão tinham deixado para trás.

ESPERANÇOSO: Olhe, Cristão, como esse jovem permanece distante de nós.

CRISTÃO: Sim, sim, eu o vejo. Ele não deseja nossa companhia.

ESPERANÇOSO: Mas estar conosco não o prejudicaria.

CRISTÃO: É isso mesmo, mas garanto que ele pensa de outra maneira.

ESPERANÇOSO: Isso é verdade, entretanto, vamos esperar por ele.

E assim o fizeram.

CRISTÃO: "Aproxime-se. Por que ficar tão distante?"

IGNORÂNCIA: Prefiro andar sozinho, a menos que pessoalmente goste da companhia.

Cristão cochichou ao ouvido de Esperançoso: "Não disse que ele não quer nossa companhia? Mas vamos passar o tempo neste lugar desolado conversando com ele." Então voltou-se para Ignorância.

CRISTÃO: "Como você está? E como estão as coisas entre Deus e sua alma?"[94]

IGNORÂNCIA: Acredito que muito bem; pois minha mente está cheia de bons pensamentos e eles me consolam enquanto caminho.

CRISTÃO: Que pensamentos são esses? Por favor, conte-nos.

IGNORÂNCIA: Penso nas coisas de Deus e do Céu.

CRISTÃO: Assim como os demônios e as almas condenadas.[95]

---

94. Uma apresentação de outra seção de introspecção e discussão doutrinária. De um modo geral, nesta conversa, Cristão representa o ponto de vista puritano ortodoxo, enquanto Ignorância defende uma teologia que os puritanos considerariam antibíblica. Ignorância baseia sua confiança em sentimentos e ideias feitas pelo homem, enquanto Esperançoso procura defender sua posição a partir da Escritura. Ignorância faz jus ao seu nome: ele é ignorante de si mesmo e da verdade de Deus.
95. Veja Tiago 2:19. Os demônios foram mais honestos que Ignorância; pelo menos tremem quando pensam em Deus!

IGNORÂNCIA: Mas eu anseio encontrar a Deus e chegar ao Céu.

CRISTÃO: Assim pensam muitos que não chegarão lá. "O preguiçoso deseja e nada tem".[96]

IGNORÂNCIA: Eu penso nelas e abandonei tudo por elas.

CRISTÃO: Duvido, pois abandonar tudo é difícil, mais que muitos imaginam. O que o faz pensar que deixou tudo por Deus e pelo Céu?

IGNORÂNCIA: Meu coração me diz.

CRISTÃO: O sábio diz: "O que confia no seu próprio coração é insensato".[97]

IGNORÂNCIA: Isso se aplica ao coração ímpio, mas o meu é bom.[98]

CRISTÃO: De que maneira você prova isso?

IGNORÂNCIA: Ele me conforta com a esperança do Céu.

CRISTÃO: Isso pode ser algo para seu próprio engano; pois o coração do homem pode confortá-lo com esperanças em algo que não tem fundamento na esperança.

IGNORÂNCIA: Meu coração e minha vida estão em harmonia, portanto, minha esperança está bem fundamentada.

CRISTÃO: Quem disse que seu coração e seu estilo de vida estão em harmonia?

IGNORÂNCIA: Meu coração me diz.

CRISTÃO: Pergunte ao meu amigo se sou ladrão![99] Seu coração responderá! A menos que a Palavra de Deus testemunhe sobre este assunto, outro testemunho não tem valor.

---

96. Provérbios 13:4.
97. Veja Provérbios 28:26. Cristão não nega o testemunho de seus sentimentos mais íntimos. O que ele diz é que não devemos ousar confiar somente em nossos sentimentos, pois podem nos enganar. O fato de Ignorância alegar ter um "bom coração" indica que nunca viu um pecador diante dos olhos de Deus.
98. É por isso que foi chamado de Ignorância. Ele é ignorante de sua própria pecaminosidade e da justiça de Deus (Romanos 10:1-13).
99. Obviamente, os ladrões não se delatam! Ignorância está raciocinando em círculos: o seu coração lhe diz que vive uma vida boa, e sua boa vida está de acordo com o seu coração! Somente a Palavra de Deus pode nos dizer quem somos.

IGNORÂNCIA: Um bom coração não é aquele que tem bons pensamentos? Não é boa a vida que está em conformidade com os mandamentos divinos?

CRISTÃO: Sim, concordo com você. Uma coisa, porém, é ter uma vida correta de fato e outra coisa é pensar que sua vida está de acordo com as orientações de Deus.

IGNORÂNCIA: Por favor, me conte como você sabe que seus bons pensamentos e sua vida estão de acordo com os mandamentos de Deus?

CRISTÃO: Existem vários tipos de bons pensamentos; alguns a respeito de nós mesmos, alguns sobre Deus, Cristo e outros assuntos.

IGNORÂNCIA: Que pensamentos dizem respeito a nós mesmos?

CRISTÃO: Aqueles que estão em conformidade com a Palavra de Deus.

IGNORÂNCIA: Quando nossos pensamentos sobre nós mesmos estão de acordo com a Palavra de Deus?

CRISTÃO: Quando temos o mesmo julgamento que a Palavra de Deus. Ou seja: a Palavra de Deus fala o seguinte sobre a natureza humana: "Não há justo, nem um sequer".[100] Ela também declara que "a maldade do homem se havia multiplicado na terra e que era continuamente mau todo o desígnio do seu coração".[101] E, por fim, "é mau o desígnio íntimo do homem desde a sua mocidade".[102] Agora então, quando pensamos a respeito de nós mesmos temos a verdadeira percepção disso, então, nossos pensamentos serão bons porque estão de acordo com a Palavra de Deus.

IGNORÂNCIA: Jamais vou acreditar que meu coração seja tão mau.

---

100. Romanos 3:10-12.
101. Gênesis 6:5.
102. Gênesis 8:21.

CRISTÃO: Isto, portanto, demonstra que nunca teve um bom pensamento a respeito de você mesmo em toda sua vida. Mas deixe-me continuar. A Palavra julga nosso coração e nosso caminho; e quando nosso coração e nossas atitudes estão de acordo com o julgamento da Palavra, então ambos são bons, porque estão de acordo com ela.

IGNORÂNCIA: Explique o que isso significa.

CRISTÃO: A Palavra de Deus diz que os caminhos do homem são tortuosos, não são bons, mas corruptos.[103] Significa que, estão naturalmente fora do bom caminho e não sabem disto.[104] Quando um homem pensa sobre os seus caminhos de forma realista, e com humildade, então tem bons pensamentos sobre seus próprios caminhos, porque seus pensamentos agora concordam com o julgamento da Palavra de Deus.[105]

IGNORÂNCIA: Quais são os bons pensamentos a respeito de Deus?

CRISTÃO: Assim como disse a respeito de nós mesmos, quando nossos pensamentos a respeito de Deus estão de acordo com o que a Palavra diz sobre Ele, isto é, quando pensamos em Seu ser e nos atributos como a Palavra ensina, acerca dos quais não teremos tempo para discutir longamente. Falando dele, com referência a nós: Temos pensamentos corretos a respeito de Deus quando pensamos que Ele nos conhece melhor do que nós mesmos, e pode ver o pecado em nós quando e onde não conseguimos enxergar, quando pensamos que Ele conhece nossos pensamentos mais íntimos, e quando nosso coração

---

103. Salmo 125:5; Provérbios 2:15.
104. Romanos 3:17.
105. A certeza da salvação vem quando cremos na Palavra de Deus e recebemos Seu testemunho. Bunyan escreveu em *Graça abundante* (Ed. Fiel, 2006): "Vi que não era meu bom estado de coração que tornava minha justiça melhor, nem mesmo o meu quadro ruim que tornava minha justiça pior, pois minha justiça era Jesus Cristo, o mesmo ontem, hoje e para sempre." Veja Hebreus 13:8.

está sempre aberto à Sua visão; e quando pensamos que toda a nossa justiça cheira mal em Suas narinas e que, portanto, não pode admitir que estejamos em Sua presença com alguma confiança, ainda que com nossas melhores atitudes.

IGNORÂNCIA: Você pensa que sou tolo para pensar que Deus não vê além ou que me apresentaria a Deus com a melhor das realizações?

CRISTÃO: O que você pensa sobre este assunto?

IGNORÂNCIA: Resumindo, creio que devo crer em Cristo para a justificação.

CRISTÃO: O quê? Pensa que deve crer em Cristo sem sentir sua necessidade dele? Não entende seu pecado original nem seu pecado atual, mas tem opinião sobre si mesmo e seus atos evidenciam que não reconhece a necessidade da justiça pessoal de Cristo para ser justificado diante de Deus. Como então pode dizer: "Creio em Cristo"?

IGNORÂNCIA: Creio o suficiente.

CRISTÃO: No que você crê?

IGNORÂNCIA: Creio que Cristo morreu pelos pecadores, e que serei justificado diante Deus por meio da Sua misericordiosa aceitação de minha obediência à Sua lei.[106] Cristo tornou minha prática religiosa aceitável ao Seu Pai pelas virtudes de Seus méritos, e nestas condições, serei justificado.

CRISTÃO: Deixe-me dar esta resposta à sua confissão da fé:

1. Você crê com uma fé imaginária, pois esta fé não está descrita em nenhum lugar da Palavra.[107]

2. Você crê com uma fé falsa, pois precisa da justificação da justiça pessoal de Cristo aplicada à sua própria.

---

106. Ignorância acha que a salvação é obtida pelas obras, e que tudo o que Cristo faz é tornar as obras do pecador agradáveis a Deus! Veja Gálatas 2:16.
107. A fé é boa apenas como objetivo. Confiar nas boas obras é ter fé imaginária, pois as boas obras não podem salvar. A fé em Cristo é a verdadeira fé salvadora, porque a Palavra de Deus nos assegura de que este é o caminho de Deus para a salvação..

3. Esta fé torna Cristo um justificador de suas obras, e não de sua pessoa, e por causa de suas obras, que é falsa.

4. Portanto, essa fé é enganosa e vai deixá-lo sob a ira do Deus Altíssimo no dia do juízo, pois a verdadeira fé que justifica, leva a alma (consciente, pela Lei, da sua condição perdida) a buscar refúgio na justiça de Cristo.[108] Sua justiça não é um ato de graça pelo qual Ele torna a sua obediência aceitável a Deus como justificação, mas é a Sua obediência pessoal à Lei, ao sofrer por nós, o que seria exigido de nós. Esta é a justiça que a verdadeira fé aceita, e em que a alma é justificada e apresentada sem mancha diante de Deus, absolvida da condenação.

IGNORÂNCIA: O quê? Temos que confiar no que Cristo, no que Sua própria pessoa fez, sem nós? Este tipo de pensamento nos liberta para viver como desejamos.[109] Pois, não importa a forma como vivemos, se tudo o que temos a fazer é acreditar que podemos ser justificados pela justiça pessoal de Cristo.

CRISTÃO: Ignorância é como você se chama, e sua resposta representa bem tal nome. Você é ignorante sobre o significado da justiça que justifica, e você é ignorante em como salvar a sua alma da ira de Deus por meio da fé nessa justiça. Sim, você também desconhece os verdadeiros efeitos da fé salvadora nesta justiça de Cristo, o que significa entregar o coração a Deus em Cristo, amar Seu nome, Sua Palavra, Seus Caminhos e Seu povo.

---

108. Uma referência às cidades de refúgio (Josué 20), uma ilustração de Jesus Cristo, nosso refúgio do julgamento do pecado (Hebreus 6:18).
109. Ignorância usa o velho argumento: "Se somos salvos apenas pela fé, sem boas obras, então continuaremos a pecar." A resposta de Paulo contra esse argumento está em Romanos 6. O verdadeiro cristão morreu para o pecado e sua nova natureza permite obedecer a Deus. Esperançoso e Cristão tentam ensinar a Ignorância quais são os "verdadeiros efeitos" da fé salvadora e estas transformam a vida.

ESPERANÇOSO: Pergunte-lhe se alguma vez Cristo se revelou a ele dos Céus.[110]

IGNORÂNCIA: O quê? Você acredita em revelações? Creio que tudo o que você e os outros falam sobre esse assunto é apenas o resultado de mentes desordenadas.

ESPERANÇOSO: Por que, homem? Cristo está tão escondido em Deus do ponto de vista de nossa compreensão natural que Ele não pode ser conhecido por qualquer ser humano a menos que Deus, o Pai, o revele a nós.

IGNORÂNCIA: Essa é a sua fé, não a minha. Não tenho dúvidas de que a minha crença é tão boa quando a sua.

CRISTÃO: Permita-me interromper sua palavra: Você não deve falar sobre este assunto de forma tão banal. Por isso, corajosamente afirmo (da mesma forma que meu bom amigo o fez), que nenhum homem pode conhecer Jesus Cristo, exceto pela revelação do Pai.[111] Sim, e também a fé, pela qual a alma firma-se em Cristo, a qual deve ser gerada por Seu grande poder; de que, pobre Ignorância, você é ignorante.

Desperte! Veja sua própria miséria e entregue-se ao Senhor Jesus e por Sua justiça, que é a justiça de Deus (pois Ele mesmo é Deus), você será libertado da condenação.[112]

IGNORÂNCIA: Vocês são tão apressados, não consigo acompanhá-los. Sigam em frente, devo ficar atrás por um tempo.

Então disseram:

Ignorância, quão tolo é o seu coração!
Por que rejeitas o conselho, dez vezes concedido?
Quem não os ouve sofrerá as consequências.
Lembre-se, homem, em tempo; incline-se, não tema,

---

110. Deus o Pai revela Seu Filho em nosso coração. Veja Mateus 11:25-27; 16:17; Gálatas1:15,16.
111. Mateus 11:27; 1 Coríntios 12:3; Efésios 1:18,19.
112. Veja Apocalipse 3:17. Ignorância recebeu um nome adequado à sua condição!

O bom conselho bem aceito, salva: ouça-o.
Ao ignorá-lo, você será perdedor, Ignorância,
Isso eu garanto.

Em seguida, Cristão disse ao seu amigo e companheiro: "Prossigamos, meu bom Esperançoso, entendo que devemos caminhar juntos novamente."

A Palavra de Deus diz que os caminhos do homem são tortuosos... quando um homem pensa isto sobre seus caminhos, de forma realista e com humildade, então tem bons pensamentos sobre seus próprios caminhos, porque seus pensamentos agora concordam com o julgamento da Palavra de Deus... temos pensamentos corretos a respeito de Deus, quando pensamos que Ele nos conhece melhor do que nós mesmos, e pode ver o pecado em nós quando e onde não conseguimos enxergar, quando pensamos que Ele conhece nossos pensamentos mais íntimos, e sabe que nosso coração está sempre aberto aos Seus olhos.

CAPÍTULO 9

E ASSIM CHEGAMOS AO ÚLTIMO *segmento da jornada dos peregrinos. Nesta fase encontramos uma das melhores análises do declínio espiritual que, talvez, você jamais tenha lido, quando Cristão cita os nove motivos para Esperançoso. Bunyan, como a maioria dos clérigos puritanos, foi mestre em examinar o próprio coração e o coração dos outros. Note que neste discurso, os erros secretos sempre precedem os pecados públicos.*

Antes de Cristão e Esperançoso alcançarem o portão, eles devem cruzar o rio. Bunyan toma emprestada esta descrição da história do povo de Israel quando cruzou o rio Jordão e entrou na Terra Prometida (Josué 3). Entretanto, em nenhum trecho bíblico a frase "cruzar o Jordão" é usada como símbolo de morte. A imagem de cruzar o rio simbolizando a morte é usado em hinos e poemas cristãos nos escritos de Dante e Virgílio, mas não é um termo bíblico. A experiência em que os israelitas atravessaram o rio Jordão representa a morte do cristão para si mesmo, abandonando uma vida errante na incredulidade e recebendo a herança de Cristo nesta vida. Afinal, Canaã não pode ser uma ilustração do Céu porque Israel enfrentou batalhas lá! Devemos confessar, entretanto, que a descrição de Bunyan sobre este acontecimento é magistral.

Da Cidade da Destruição aos portões do Céu, esse é o trajeto completo do Peregrino e Cristão completou a jornada. Bunyan, porém, finaliza com um aviso dramático, dizendo que o indivíduo pode estar perto e ao mesmo tempo distante da salvação divina. Ignorância é iludido, e no fim da jornada, quando alcança o portão do Céu, seus pés e mãos são amarrados e lançado no inferno — na entrada do portão celestial.

Que isto não aconteça conosco.

Vi, em meu sonho, que Cristão e Esperançoso caminhavam rapidamente, enquanto Ignorância vinha vagaroso atrás deles. Cristão fez um comentário ao seu companheiro: "Pobre homem, certamente terá um momento difícil no fim."

ESPERANÇOSO: Infelizmente, existem muitos na mesma condição em nossa cidade; famílias inteiras, sim, ruas inteiras e alguns também são peregrinos. E se existem tantos em nossa parte do mundo, quanto mais devem haver no lugar em que ele nasceu?

CRISTÃO: Na verdade, a Palavra diz: "Cegou-lhes os olhos para que não vejam."[1] Mas agora, que estamos por nossa conta, diga-me, o que você pensa sobre tais homens? Eles nunca foram convencidos do pecado e, consequentemente, não temem as condições perigosas de sua alma?

ESPERANÇOSO: Você poderia dizer-me o que pensa, pois é mais experiente.

CRISTÃO: Creio que algumas vezes eles sentem o peso do pecado, mas por serem naturalmente ignorantes, não compreendem que tais convicções são para seu próprio bem. Eles procuram desesperadamente sufocá-los e continuam a se vangloriar de que seu coração é correto.

ESPERANÇOSO: Concordo com você. O medo geralmente age para o próprio bem dos homens quando iniciam a peregrinação.

CRISTÃO: Sem dúvida, assim é quando existe o tipo correto de medo, como a Palavra diz, "o temor do SENHOR é o princípio da sabedoria".[2]

ESPERANÇOSO: Como você descreveria o tipo correto de medo?

CRISTÃO: O medo verdadeiro ou correto pode ser discernido por três aspectos:

---

1. Veja João 12:40. Deus dá aos homens a luz de salvação, mas se persistirem em recusá-la, se tornarão cegos espiritualmente.
2. Veja Provérbios 9:10; Jó 28:28; Salmo 111:10. "Temor" significa reverência e respeito, uma atitude apropriada dirigida a Deus. Não é o medo servil de um escravo, mas o temor respeitoso de um filho pelo pai.

1. Por sua origem: é causado pela convicção do indivíduo ao sentir necessidade de salvação do pecado.

2. O medo conduz o ser humano a buscar em Cristo a salvação.

3. Cria na alma uma grande reverência por Deus, Sua Palavra e caminhos, mantendo a alma sensível às coisas divinas. Esse é o medo de afastar-se para a esquerda ou para a direita, medo de qualquer coisa que possa desonrar a Deus, destruir a paz da alma ou entristecer o Espírito.

ESPERANÇOSO: Creio que você falou a verdade. Já passamos pela Terra Encantada?

CRISTÃO: Por quê? Está cansado desta conversa?[3]

ESPERANÇOSO: Não, de forma alguma, mas gostaria de saber onde estamos.

CRISTÃO: Faltam poucos quilômetros. Retomemos, porém, nossa discussão. Estávamos falando acerca de que os ignorantes não sabem que as convicções que os fazem sentir medo são para seu benefício, portanto, eles as sufocam.

ESPERANÇOSO: De que maneira eles fazem isto?

CRISTÃO: 1. Pensam que os medos que sentem são obras do inimigo (embora na verdade sejam providos por Deus), por isso resistem, imaginando que tais sentimentos os levarão à sua derrota.

2. Eles também acreditam que estes medos tendem a destruir sua fé, quando, infelizmente, eles sequer a têm! Por isso, endurecem o coração a estes temores.

3. Eles presumem que não devem temer, portanto, a despeito dos medos, eles se transformam em pessoas presunçosamente autoconfiantes.

4. Eles percebem que esses temores tendem a destruir sua miserável autojustificação, e os resistem com toda a sua força.

---

3. Cristão nunca se cansa de debater verdades espirituais! Ele quer manter Esperançoso desperto e alerta enquanto cruzam a Terra Encantada. Veja Hebreus 12:3.

ESPERANÇOSO: Sei como é agir assim, pois costumava atuar desta maneira.

CRISTÃO: Bem, deixemos nosso vizinho Ignorância sozinho por agora e encontremos outra questão importante para discutir.

ESPERANÇOSO: Concordo totalmente. Então comece.

CRISTÃO: Bem, você conheceu um camarada chamado Temporário, que viveu em sua terra há cerca de dez anos e que se opunha à religião?

ESPERANÇOSO: Sim, o conheço! Lembro-me dele. Ele vivia em Sem-Graça, uma cidade a poucos quilômetros de Honestidade, e era o vizinho mais próximo de Retrocesso.

CRISTÃO: Certo. Na verdade eles viviam sob o mesmo teto. Bem, acredito que, em algum momento, ele teve consciência e discernimento sobre seu estado pecaminoso e a punição que merecia.

ESPERANÇOSO: Também penso assim, pois minha casa era próxima à dele. Em lágrimas, ele me procurava frequentemente. Na verdade, tinha pena desse homem, e acreditava que ainda houvesse esperança para ele. Descobri, porém, que nem todo aquele que clama "Senhor, Senhor", participará da jornada.[4]

CRISTÃO: Certa vez, ele me disse que estava decidido a seguir em peregrinação, como estamos agora, mas quando de repente conheceu Salvação-Própria, tornou-se como um estranho para mim.[5]

ESPERANÇOSO: Já que estamos falando sobre ele, vamos investigar o motivo de sua repentina apostasia e de outros como ele.[6]

CRISTÃO: Isso seria muito proveitoso. Por que você não começa?

---

4. Mateus. 7:21,22.
5. Salvação-Própria representa aqueles que pensam que podem salvar-se pelas boas obras e caráter.
6. Apostasia é um termo do Antigo Testamento que descreve o cristão que não está crescendo e seguindo adiante em sua fé. Jeremias usou o termo 13 vezes, Oseias quatro, descrevendo a triste condição espiritual da nação judaica. Esperançoso explica por que os cristãos professos abandonam a fé: seu arrependimento é emocional, não sendo sincero; temem o que as pessoas falam; querem evitar a vergonha; não enfrentam honestamente seus pecados e o julgamento divino. Bunyan parece sugerir que os apóstatas estão, por meio de sua apostasia, comprovando que nunca foram genuinamente convertidos.

ESPERANÇOSO: Bem, em minha opinião existem quatro razões para isto:

1. Embora a consciência de tais homens seja despertada, sua mente não é alterada. Portanto, quando o sentimento de culpa é amenizado, abandonam os princípios. Retornam aos velhos hábitos, assim como o cão volta ao seu vômito.[7] O desejo de alcançar o Céu existe porque temem os tormentos do inferno; e tão logo a percepção do inferno e o medo da condenação esfriam, o mesmo acontece com o desejo pelo Céu e salvação. Quando a culpa e os temores desaparecem, os anseios pelo Céu e felicidade plena morrem; eles retornam aos velhos hábitos.

2. Outra razão é que são escravos de certos medos que os dominam, particularmente o medo dos homens, pois "o medo dos homens anuncia uma armadilha."[8] Assim, embora aparentem desejar o Céu enquanto o ruído das chamas do inferno está soando aos seus ouvidos, quando o terror diminui, começam a ter pensamentos secundários: tais como, é bom ser sábio e não correr o risco de perder tudo, ou pelo menos não preocupar-se com problemas desnecessários. E assim se voltam para as coisas do mundo novamente.

3. O estigma que rodeia a religião é outro obstáculo para eles. São importantes e poderosos, consideram a religião comum e simples, portanto, quando perdem o senso do castigo no inferno e da ira vindoura, retornam aos antigos hábitos.

4. Eles não gostam de pensar em culpa e medo, ou na possibilidade de um futuro miserável. Se o fizessem, talvez isso os faria fugir para o lugar onde os justos estão protegidos. Mas por evitar tais pensamentos de culpa e medo, quando se desvencilham do terror e da ira de Deus, alegremente endurecem seu coração e escolhem caminhos que os tornarão mais insensíveis.

---

7. Veja 2 Pedro 2:22. Um pecador pode mudar exteriormente, mas isso não transforma o coração. Em algum momento, ele irá decidir onde está o seu coração.
8. Provérbios 29:25.

CRISTÃO: Você está próximo da verdade, pois no fundo, é necessária a transformação da mente e dos desejos.[9] Tais indivíduos são como o criminoso que está diante do juiz: sacode, treme e parece arrepender-se, mas no fundo de tudo isso só há o medo da punição, sem nenhum arrependimento pelo seu crime. Dê a este homem sua liberdade, ele continuará sendo um ladrão e patife. Ao passo que se sua mente mudasse, ele seria diferente.

ESPERANÇOSO: Apontei as razões para apostasia; agora você pode mencionar como acontece.

CRISTÃO: Farei com satisfação.

1. Há pessoas que fazem o possível para afastar qualquer pensamento sobre Deus, morte e julgamento final.

2. Afastam-se gradualmente de seus deveres particulares, como oração devocional, fuga de seus desejos carnais, vigilância, arrependimento do pecado, entre outras coisas.

3. Evitam a companhia de cristãos sinceros e fiéis.

4. Posteriormente ficam indiferentes às atividades públicas como leitura e pregação da Palavra, participação nos cultos etc.

5. Começam a encontrar falhas em outros cristãos. O propósito diabólico por trás disto é encontrar motivos para que eles se afastem da religião.

6. Começam a se associar com pessoas mundanas, imorais e sensuais.

7. Em seguida, secretamente, entram em conversas mundanas e lascivas, e ficam felizes se encontram alguém que é considerado honesto fazendo o mesmo, e assim usam aquele exemplo como uma desculpa para agir com mais ousadia.

8. Começam a brincar com pequenos pecados abertamente.

---

9. A principal causa é a necessidade de um arrependimento verdadeiro.

9. Depois, endurecidos, revelam-se como realmente são. Lançados novamente no abismo da miséria estarão perdidos eternamente no próprio engano, a menos que o milagre da graça os impeça.

Depois, vi em meu sonho, que os peregrinos saíram da Terra Encantada e entraram no país de Beulá, onde o ar era mais doce e agradável;[10] o caminho era reto e encontraram conforto e restauração por algum tempo. Nesta terra a floração ocorria diariamente, e os peregrinos ouviam o canto dos pássaros e a voz das pombas continuamente. Ali o sol brilhava o tempo todo, pois estava além do Vale da Sombra da Morte e longe do alcance do Gigante Desespero. Na verdade, nem mesmo conseguiam enxergar o Castelo da Dúvida. Deste lugar, tinham um vislumbre da terra para onde estavam indo e encontraram alguns habitantes daquele lugar; os Seres Resplandecentes caminhavam frequentemente nesta terra, pois ela estava nos limites do Céu. Nesta terra o contrato da noiva e do noivo era renovado; sim, aqui, "como o noivo se alegra da noiva, assim se alegrará de ti o teu Deus."[11] Eles não têm falta de trigo e vinho;[12] pois neste lugar encontram abundância de tudo o que ansiaram durante toda a peregrinação. Neste lugar, ouviram vozes da Cidade Celestial, que, em alta voz proclamavam: "...Dizei à filha de Sião: Eis que vem o teu Salvador; vem com ele a sua recompensa, e diante dele, o seu galardão".[13] Aqui, todos os habitantes do país os chamam "...Povo Santo, Remidos-Do-Senhor; e tu, Sião, serás chamada Procurada...".[14]

---

10. Beulá significa "casado" em hebraico. Quando Deus restaurar Israel à sua terra, ela não será mais chamada "Desamparada", nem "Desolada". Israel será chamada "Desposada", que significa "meu deleite está nela". A terra será chamada "Beulá" porque Israel e seu Deus estarão "casados" novamente. Veja Cântico dos Cânticos 2:10-12; Isaías 62:4-12 para essas figuras de retórica nesta seção.
11. Isaías 62:5.
12. Trigo e vinho eram as culturas agrícolas principais de Israel e foram mencionadas juntas cerca de 26 vezes no Antigo Testamento. Veja Gênesis 27:28, 37. "Abundância de trigo e vinho" era um sinal das bênçãos de Deus aos israelitas.
13. Isaías 62:11.
14. Isaías 62:12.

Enquanto caminhavam nesta terra, eles regozijavam-se mais do que tinham se regozijado naqueles lugares mais remotos do reino para o qual seguiam; quanto mais próximo estavam da cidade, a viam com mais perfeição.[15] Ela era edificada com pérolas e pedras preciosas, ruas pavimentadas com ouro; a glória natural da cidade e o reflexo dos raios solares fazia com que o coração de Cristão chegasse a doer.[16] Esperançoso também teve dois ou mais sintomas semelhantes. Por isso, caíram no chão, clamando: "...se encontrarem o meu amado, o que dirão a ele? Digam-lhe que estou doente de amor."[17]

Em seguida, quando recuperaram um pouco das forças e conseguiram suportar essa dor, seguiram seu caminho, aproximando-se cada vez mais da cidade. Havia pomares, vinhedos, jardins e os portões estavam abertos para a estrada. Ao se aproximarem destes lugares, notaram um jardineiro em pé, no caminho, e lhe perguntaram: "De quem são estes vinhedos e jardins?" Ele respondeu: "Eles são do Rei, e estão plantados aqui para Seu próprio prazer e para a consolação dos peregrinos."

Em seguida, o jardineiro os conduziu pelos vinhedos e disse que deviam desfrutar dos deliciosos frutos.[18] Ele também mostrou por onde o Rei caminhava e onde eram Suas árvores preferidas; ali pararam e dormiram.

Percebi, em meu sonho, que eles falavam mais durante o sono, neste momento, do que jamais haviam feito durante o restante de sua jornada, e quando questionei acerca disto, o jardineiro me respondeu:

---

15. Veja Apocalipse 21,22. Porque não há necessidade do sol no Céu, o reflexo que os peregrinos veem pode ser causado pelo sol brilhando na terra em direção à Cidade Celestial. Bunyan sugere que os santos na terra terão um vislumbre da glória celestial.
16. Provérbios 13:12.
17. Veja Cântico dos Cânticos 2:5; 5:8 (NVI). Existem momentos que as glórias celestiais oprimem Cristão.
18. A Lei permite aos peregrinos comer do campo e da videira do vizinho (Deuteronômio 23:24,25).

"Por que você está maravilhado com isto?[19] O fruto das uvas destas vinhas desce tão docemente que faz com que os lábios dos que dormem falem."[20]

Então vi que, ao acordarem, se prepararam para subir à cidade. Mas, o reflexo do sol sobre a cidade (pois "a cidade era de ouro puro") era tão glorioso que não podiam olhar diretamente para ela, mas enxergavam a cidade por meio de um instrumento feito para essa finalidade.[21] Assim que passaram, foram recebidos por dois homens com vestes que resplandeciam como ouro; seus rostos também brilhavam como a luz.[22]

Estes homens perguntaram aos peregrinos de onde eram. Cristão e Esperançoso responderam.[23] Também perguntaram onde se conheceram, quais foram as dificuldades, perigos, confortos e delícias que encontraram pelo caminho, e os peregrinos responderam para eles. Em seguida, os homens disseram: "Vocês enfrentarão mais duas provações, para, então, alcançarem a cidade."[24]

Cristão e seu companheiro pediram que os homens os acompanhassem, eles aceitaram, mas recomendaram: "Vocês devem alcançar a cidade mediante a própria fé". Vi em meu sonho, que foram juntos até avistarem o portão.

Notei que um rio estava entre eles e o portão, mas não havia nenhuma ponte para atravessá-lo e o rio era muito profundo. Ao se depararem com o rio, os peregrinos ficaram atordoados, mas os

---

19. O jardineiro fala para o autor!
20. Cântico dos Cânticos 7:9.
21. Veja Apocalipse 21:18; 2 Coríntios 3:18; Êxodo 34:29-35. Quando Moisés viu o Senhor, recebeu um pouco da glória do Senhor em sua face. Ele precisou usar um véu para que as pessoas não vissem sua glória desvanecer.
22. Além de Moisés, o rosto de Jesus brilhava quando foi transfigurado (Mateus 17:1-8), e o rosto de Estêvão resplandecia quando pregava (Atos 6:15).
23. Outra interrogação!
24. Na travessia do rio (um quadro da morte) eles se depararam com duas provações e ganharam o acesso ao portão da cidade.

homens que os acompanharam disseram: "Vocês devem atravessá-lo ou não alcançarão o portão."

Os peregrinos perguntaram se havia outra maneira de alcançar o portão, e os homens responderam: "Sim, mas desde a fundação do mundo, somente dois homens, Enoque e Elias, receberam permissão de trilhar esse caminho, e assim será até que a última trombeta seja tocada."[25] Os peregrinos, especialmente Cristão, começaram a ficar desesperados, e procuraram outra maneira de fazer a travessia, mas não descobriram como escapar do rio. Em seguida perguntaram se o rio tinha a mesma profundidade em toda extensão. Eles disseram "Não", mas não forneceram outra informação. "Pois", revelaram, "a profundidade do rio depende da fé que alguém deposita no Rei da cidade."[26]

Eles entraram na água e Cristão começou a afundar, gritando para o seu bom amigo Esperançoso: "Eu afundarei nessas águas profundas, as ondas passarão todas sobre mim! *Selah*."[27]

Esperançoso disse: "Seja corajoso, meu irmão, pois sinto os pés no fundo e é sólido." Então Cristão disse: "Ah! Meu amigo, as tristezas da morte me cercam. Não verei a terra que mana leite e mel."

Uma grande escuridão e uma sensação de medo sobrevieram a Cristão e ele não podia ver nada diante dele.[28] Além disso, ficou tão

---

25. Enoque foi "transladado" ao Céu sem passar pela morte (Gênesis 5:21-24; Hebreus 11:5). Elias foi levado por uma carruagem de fogo (2 Reis 2:1-11). A última trombeta representa o retorno de Cristo e a transformação dos cristãos para serem como Cristo (1 Coríntios 15:51-54).
26. Veja Mateus 9:29. Mais uma vez, Bunyan nos ensina que nenhum dos dois peregrinos teve as mesmas experiências. Cristão quase desiste e submerge nas águas, enquanto Esperançoso o incentiva a continuar cruzando o rio. O inimigo nos ataca tanto na morte quanto na vida.
27. Veja Salmo 69:2. *Selah* finaliza a citação de Cristão. É uma palavra hebraica que provavelmente, indica uma direção musical ou nota para os cantores do templo. Nota do Tradutor: A *Nova Versão Internacional* traduz a palavra *Selah* como pausa (Salmo 3:2).
28. Cristão cita os Salmos para seu encorajamento, como Salmos 18:4,5; 116:3. Jonas fez uma oração similar (Jonas 2). Abraão experimentou um "espanto da grande escuridão" na noite em que Deus fez Sua aliança com ele (Gênesis 15:12).

perturbado que não conseguia se lembrar nem falar razoavelmente sobre as bênçãos que havia recebido em sua peregrinação. Tudo que conseguia dizer era sobre o medo terrível no coração e mente e que morreria naquele rio, sem nunca entrar pelo portão. Também estava muito perturbado com pensamentos sobre os pecados que cometera antes e depois de começar a peregrinação. Além disso, as palavras dele revelavam que estava perplexo por causa de visões de demônios e espíritos malignos.

Esperançoso fazia todo o possível para manter a cabeça do irmão fora da água, entretanto, às vezes, Cristão quase desaparecia, apenas para aparecer novamente quase desfalecido. Esperançoso também tentou consolá-lo, dizendo: "Irmão, eu vejo o portão, e há homens esperando para nos receber." Mas Cristão respondia: "É a você que esperam. Desde que nos conhecemos, você sempre manteve a esperança." "E você também", respondeu Esperançoso. "Ah! Irmão", refletiu ele, "certamente, se eu estivesse certo eles viriam me ajudar, mas por causa dos meus pecados estamos nessa armadilha e fui abandonado."[29]

Esperançoso insistiu: "Meu irmão, você se esqueceu do texto que fala dos perversos, "Porque não há apertos na sua morte, mas firme está a sua força. Não se acham em trabalhos como outros homens, nem são afligidos como outros homens."[30] Estas dificuldades pelas quais está passando nestas águas não são sinais de que Deus o abandonou, mas são enviadas para prová-lo, testando se você lembrará de Sua misericórdia, demostrada a você anteriormente, e se confia nele em sua aflição.

Vi em meu sonho, que Cristão parecia estar concentrado profundamente em seus pensamentos enquanto Esperançoso o animava: "Tenha bom ânimo, Jesus Cristo já fez tudo por você." E ao ouvir

---

29. A recordação dos pecados do passado pode sobrecarregar e amedrontar o cristão na hora da morte. Cristão esquece todas as bênçãos que recebeu de Deus durante sua peregrinação. É perigoso confiar em nossos sentimentos.
30. Esperançoso lembra Cristão da Palavra de Deus, que é a única fonte de segurança. Ele menciona Salmo 73:4,5.

essas palavras, Cristão exclamou em alta voz: "Vejo-o novamente. E Ele me disse: 'Quando passares pelas águas, eu serei contigo; quando, pelos rios, eles não te submergirão...'".[31]

Em seguida, os dois tomaram coragem, e depois disso o inimigo ficou tão silente quanto uma pedra, até que puderam prosseguir na travessia do rio. Cristão encontrou um local em que foi possível ficar em pé e depois percebeu que o restante do rio era raso. Assim, eles puderam atravessá-lo.

Agora, à margem do rio, do outro lado, viram novamente os dois Seres Resplandecentes esperando por eles. "Somos espíritos ministradores", disseram, "enviados para ministrar àqueles que são herdeiros da salvação."[32] E assim caminharam em direção ao portão.

A cidade estava sobre um grande monte,[33] mas os peregrinos subiram a colina com facilidade, porque tinham estes dois homens que os conduziam e os apoiavam; e também Cristão e Esperançoso haviam deixado as vestes mortais para trás, no rio.[34] Por isso, subiram com muita agilidade e velocidade, embora o fundamento sobre o qual a cidade estava assentada era mais alto do que as nuvens. Subiram pelo ar, conversando alegremente, confortados, pois concluíram a travessia do rio em segurança e estavam agora acompanhados destes seres gloriosos.

Agora, olhem como os santos peregrinos passeiam,
As nuvens são suas carruagens, os anjos os guiam:
Quem não gostaria de por ele correr todos os riscos,
Sabendo que da glória dos Céus serão herdeiros?

---

31. Veja Atos 9:34. Finalmente Cristão encontra segurança na Palavra de Deus e cita Isaías 43:2.
32. Veja Hebreus 1:14; Lucas 16:19-22. Os anjos acompanham o povo de Deus para o Céu no momento da morte.
33. Veja Mateus 5:14. Cristão escala a sua última montanha!
34. O corpo é como uma vestimenta, e no momento da morte é destruído para que possamos receber um corpo novo e glorificado (1 Coríntios 15:53-57). 2 Coríntios 5:1-10 retrata o corpo como a tenda de um soldado, e quando demolida dá lugar a uma construção permanente e gloriosa.

Eles conversavam com os Seres Resplandecentes sobre o esplendor do lugar, os quais lhes disseram que a beleza e a glória do lugar eram inexprimíveis. "Ali," disseram, "é o monte Sião, a Jerusalém celestial, a companhia dos anjos e os espíritos de homens justos aperfeiçoados.[35] Agora vocês estão indo ao paraíso de Deus, onde verão a árvore da vida e comerão de seus frutos, os quais nunca murcharão. Vocês receberão vestes brancas e caminharão e conversarão diariamente com o Rei, por todos os dias da eternidade.[36] Lá vocês nunca mais verão as coisas que viram quando estavam na terra: tristeza, aflição e morte, 'porque as primeiras coisas passaram'.[37] Encontrarão Abraão, Isaque, Jacó e os profetas — homens que Deus 'levou antes do mal', e que agora descansam em seus leitos, cada um caminhando em sua justiça."[38]

Cristão e Esperançoso perguntaram: "O que faremos nesse santo lugar?" A resposta foi: "Receberão conforto por seu trabalho e alegria em troca de toda dor. Colherão o fruto que plantaram, o fruto de todas as suas orações, lágrimas e sofrimento pelo Rei por todo o caminho.[39] Receberão coroas de ouro e desfrutarão da constante presença do Santo, pois o verão 'como Ele é'.[40] Ali também vocês servirão continuamente com louvor, júbilo e ações de graça Àquele que desejaram servir no mundo, mesmo em meio às dificuldades, por causa da fraqueza de sua carne.[41] Seus olhos se encantarão com o que virem, e seus ouvidos ouvirão a doce voz do Altíssimo.[42] Lá vocês desfrutarão a companhia dos amigos que foram antes de vocês e receberão com alegria cada um que chegar depois. Lá serão vestidos de glória e majestade e acompanharão o Rei da Glória. Quando Ele vier nas nuvens com o som das trombetas, como sobre as asas do vento, virão

---

35. Hebreus 12:22-24.
36. Apocalipse 2:7; 3:4,5; 22:5.
37. Isaías 65:16,17; Apocalipse 21:4.
38. Isaías 57:1,2.
39. Gálatas 6:7,8.
40. Apocalipse 4:4; 1 João 3:2.
41. Apocalipse 7:15; Romanos 6:19; Gálatas 4:13.
42. Isaías 64:4; 1 Coríntios 2:9.

com ele; e quando sentar-se no trono de julgamento, vocês sentarão ao seu lado e quando der o veredito sobre todos os que praticam a iniquidade, sejam eles anjos ou homens, vocês terão voz nesse julgamento, porque aqueles eram inimigos do Rei e de vocês.[43] Além disso, quando Ele voltar para a cidade, vocês retornarão também com o som de trombetas e estarão com Ele para sempre."

Enquanto passavam próximo ao portão, um grupo de seres celestiais veio recebê-los. E os outros dois Seres Resplandecentes disseram a este grupo: "Estes homens amaram nosso Senhor quando viviam no mundo e abandonaram tudo por Seu santo nome. Ele nos enviou para buscá-los, e nós os trouxemos até aqui em sua jornada desejada, para que possam entrar e olhar o rosto de seu Redentor com alegria." Então, o exército celestial deu um grande brado, exclamando: "Bem-aventurados aqueles que são chamados à ceia das bodas do Cordeiro".[44]

Neste momento, vários trombeteiros do Rei também saíram para encontrá-los; estavam com vestes brancas e brilhantes, e os Céus ecoavam com altos sons melodiosos. Eles saudaram Cristão e Esperançoso com dez mil boas-vindas, com brados e ao som de trombetas.

Feito isto, eles cercaram esses dois companheiros; alguns vinham à sua frente e outros na retaguarda, uns à sua direita e outros à esquerda (para protegê-los de um lado a outro nas regiões celestes);[45] era como se o próprio Céu tivesse descido para encontrá-los. Assim, caminharam juntos. E, enquanto caminhavam, estes trombeteiros, misturando sua música alegre e contínua, com olhares e gestos, indicavam que Cristão e seu irmão eram bem-vindos em seu grupo, e com que alegria vieram para encontrá-los. Agora os dois homens sentiam-se

---

43. Estas declarações sobre o retorno de Jesus Cristo ao Seu povo vêm de 1 Tessalonicenses 4:13-18; Judas 14,15; Daniel 7:9,10; 1 Coríntios 6:2,3.
44. Apocalipse 19:9.
45. Eles os estão guardando contra Satanás, o príncipe das potestades do ar (Efésios 2:2), que tenta impedir os santos de chegar à Cidade Celestial.

no Céu antes mesmo de chegar lá, acolhidos pela visão dos anjos e sons das melodiosas canções. Eles conseguiam ver a cidade e pensaram ouvir todos os sinos tocarem para recebê-los.[46] Mas, acima de tudo, pensamentos alegres e calorosos lhes invadiam o ser ao ver sua nova morada e as companhias que teriam eternamente. Nenhuma língua oral ou escrita poderia expressar essa gloriosa alegria! E assim aproximaram-se do portão.

Quando alcançaram o portão, viram escritas, com letras de ouro, as palavras: "Bem-aventurados aqueles que lavam as suas vestiduras [no sangue do Cordeiro], para que lhes assista o direito à árvore da vida, e entrem na cidade pelas portas."[47]

A seguir, vi em meu sonho, que os Seres Resplandecentes disseram-lhes que batessem no portão; e quando o fizeram, Enoque, Moisés, Elias e outros olharam para fora por cima do portão, a quem foi dito isto: "Estes peregrinos vieram da Cidade da Destruição por causa do amor que têm pelo Rei deste lugar." Em seguida, cada um dos peregrinos entregou o seu certificado, o qual receberam no início da jornada.[48] Entregaram os pergaminhos ao Rei e após a leitura, Ele perguntou: "Onde estão os homens?" E responderam: "Estão do lado de fora do portão." O Rei ordenou que o portão fosse aberto: "Para que entre a nação justa, que guarda a fidelidade."[49]

Vi, no sonho, que Cristão e Esperançoso atravessaram o portão. Ao entrarem, foram transfigurados e vestidos com vestes que brilham

---

46. Bunyan gostava muito do som dos sinos. Durante o tempo que estava sob a convicção do pecado, ele pensava que tal atividade era uma prática pecaminosa, então deixou de fazê-lo. Entretanto, era impossível permanecer longe quando ouvia os sinos. Ele cuidadosamente se posicionava para que ao menos um dos sinos caísse sobre ele no julgamento. É interessante que todos os sinos do Céu acolherão os peregrinos para a sua nova casa!
47. Apocalipse 22:14.
48. O certificado era o pergaminho provando que eram cristãos.
49. Isaías 26:2.

como ouro. Também receberam harpas e coroas — as harpas para o louvor e as coroas como símbolo de honra.[50] Nesse momento, todos os sinos da cidade tocaram novamente para alegria, e ouviram as palavras: "...entra no gozo do teu Senhor."[51] Também ouvi os próprios peregrinos cantando em alta voz: "...Àquele que está sentado no trono e ao Cordeiro, seja o louvor, e a honra, e a glória, e o domínio pelos séculos dos séculos".[52]

Assim que os portões foram abertos para os dois homens, olhei atrás deles e vi que a cidade brilhava como o sol, as ruas eram pavimentadas com ouro e os homens que ali caminhavam tinham coroas na cabeça, palmas nas mãos e harpas de ouro com as quais entoavam louvores.[53]

Ali havia muitos que possuíam asas, e eles respondiam um ao outro, sem cessar, dizendo: "Santo, santo, santo é o Senhor."[54] E depois disso eles fecharam os portões, e por ter visto aquele cenário, desejei eu mesmo estar entre eles.

Agora, enquanto contemplava todas estas coisas, virei a cabeça para olhar para trás e vi Ignorância subindo pelo rio, mas sem enfrentar as dificuldades que os outros dois homens tinham encontrado. Pois havia nesse lugar um homem chamado Vã-Esperança, um barqueiro, que o ajudou a atravessar com o seu barco.[55] Depois Ignorância subiu o morro em direção ao portão, só que ele chegou sozinho, pois ninguém o encontrou para lhe dar palavras de incentivo.

Quando chegou ao portão, olhou para cima e viu a inscrição sobre ele e começou a bater, imaginando que entraria facilmente. Mas os

---

50. Apocalipse 4:4; 5:8.
51. Mateus 25:23.
52. Apocalipse 5:13.
53. Apocalipse 7:9.
54. Isaías 6:3; Apocalipse 4:8
55. Ignorância passa facilmente pelo rio simplesmente porque é ignorante. Vã-Esperança ajudou a superar. Facilidade na morte não é garantia de entrar na cidade. Note que Ignorância não é escoltado pelos anjos..

homens olharam por cima do portão e perguntaram: "De onde você vem?" e "O que deseja?" Ele respondeu: "Comi e bebi na presença do Rei e ele me ensinou em nossas ruas."[56] Então, pediram seu pergaminho, para que fosse mostrado ao Rei. Ele procurou em seu casaco, mas não o encontrou.[57]

Então perguntaram: "Você não o tem?" Ele nada respondeu.[58] Em seguida, conversaram com o Rei, mas Ele não veio vê-lo. Em vez disso, Ele ordenou aos dois Seres Resplandecentes que conduziram Cristão e Esperançoso à cidade, que saíssem e acorrentassem os pés e as mãos de Ignorância e o lançassem fora.[59] Em seguida, eles o carregaram pelo ar até a porta que vi ao lado da montanha e o colocaram lá.

Com isso percebi que havia um caminho para o inferno até mesmo a partir das portas do Céu, assim como da Cidade da Destruição. Acordei e eis que tudo havia sido um sonho.

---

56. Veja Lucas 13:26. Jesus alerta nessa passagem que privilégios espirituais não são garantia de salvação. Quando muito, eles trazem um julgamento maior a não ser que resultem em salvação.
57. Ignorância não tinha um certificado, ele não era um cristão verdadeiro. Todas as declarações e argumentos foram em vão.
58. 1 Reis 18:21; Mateus 22:12; Romanos 3:19.
59. Veja Mateus 22:13. Jesus não poupou palavras quando alertou sobre o julgamento.

A CONCLUSÃO

Leitor, contei-lhe meu sonho;
Veja, se você pode interpretá-lo para mim,
Ou para você mesmo; ou para o vizinho, mas seja prudente.
Da má interpretação; pois isso, em vez de
Ser positivo, será um abuso de si mesmo,
Pois a má interpretação, trará o mal.

Acautele-se, também, de que extremo não seja,
Que do meu sonho se divirta,
Nem permita que minha ilustração ou semelhança
O envolvam em zombaria ou peleja.
Deixe isto para tolos e crianças; quanto a você,
Deve todo o conteúdo valorizar.

Remova as cortinas; olhe para dentro do meu véu,
Exponha minhas metáforas, e não falhe,
Lá, se as procurar, tais coisas encontrará,
Como serão úteis para uma mente honesta.

Minhas impurezas serão descobertas, seja valente
Despreze-as, mas preserve o ouro;
E se o meu ouro estiver bruto?
Ninguém joga fora a maçã por causa do caroço;
Mas se descartar tudo como vão,
Não sei, mas isso me fará sonhar novamente.

A APOLOGIA DO AUTOR AO SEU LIVRO

No início, quando segurei minha caneta,
Para escrever, não compreendi
Que, finalmente, comporia este pequeno livro
De tal modo; ou melhor, tomei a meu cargo
Fazer outro, o qual, quando quase pronto,
Antes de eu perceber, comecei isto.[1]

E assim foi: eu escrevendo
Sobre os santos e a jornada desta era do evangelho,
De repente escolhi a tal alegoria
Sobre sua viagem e o caminho à glória.
Mais de vinte coisas descrevi;
Feito isto, tinha mais vinte em minha coroa;
E novamente se multiplicaram,
Como faíscas que voam da brasa ardente.
Mais que isso, em seguida, pensei, se vocês reproduzem rapidamente,
Melhor é pô-los de lado, para você finalmente
Provar ad infinitum, e saborear
O livro que estou a escrever.

---

1. Bunyan achou necessário, nesse prefácio poético, explicar como seu livro foi escrito e por que foi publicado. Ele não queria que ninguém pensasse que não se importava com o que escrevia ou como seria publicado. Quando ele se refere a "de tal modo", refere-se ao fato de que isto é uma alegoria, uma forma de literatura a qual pessoas, acontecimentos e objetos têm um significado mais profundo do que está aparente na história. Sua referência a outro trabalho provavelmente se refere ao *The Heavenly Footman* (O criado celestial, tradução livre), publicado após sua morte. Inspirado em 1 Coríntios 9:24, este livro tem várias ideias semelhantes ao *O Peregrino*. Alguns teóricos pensam que foi inspirado por *The Strait Gate* (A porta estreita), publicada em 1676.

E assim fiz; mas não pensei
De exibi-lo a todos, em papel e tinta.[2]
De tal modo; só pensava em fazer
Não sabia o quê; nem tomei a meu cargo
Para agradar o próximo: não, eu não;
Satisfazer meu ser foi meu maior empreendimento.

Nestes meus escritos, momentos de ócio não usei,
Tampouco pretendia assim fazer;
Tampouco foi meu intento distrair-me ao escrever,[3]
Com pensamentos piores que me subjugam.

Assim, deslizei a tinta no papel, com prazer,
E rapidamente registrei meus pensamentos em preto e branco.
Pois já conhecendo o meu método,
Arranquei e tudo me veio à mente e os registrei:
Escrevi até, afinal, a obra vir à luz,
De largura e profundidade, grandeza visível.

Ora, assim que finalizei,
Aos outros mostrei, para ver
Se os condenariam, ou justificariam:
E alguns disseram, deixe-os viver; alguns, deixe-os morrer;
Alguns disseram, publique John; outros disseram, ainda não;
Alguns disseram, até que é bom; outros disseram, não.

---

2. Ele não pretendia escrever e muito menos publicar o livro. Em 1678, quando *O Peregrino* foi publicado, Bunyan já publicara pelo menos uma dúzia de livros, incluindo *Graça abundante* (Ed. Fiel, 2006) e *Chief of Sinners* (Principal dos pecadores — 1666). Ele não tinha certeza de que esta alegoria, muito diferente dos outros trabalhos, seria bem recebida ou pudesse trazer benefícios ao leitor.
3. Ele escreveu o livro para ocupar a mente com pensamentos espirituais durante o período na prisão.

Encontrava-me num dilema, e não vi
Qual a melhor coisa que deveria fazer:
Enfim pensei, como você está dividido,
Publicarei, e o assunto foi encerrado.

Percebo que, se pudessem, alguns fariam,
Embora outros nessa via não correriam:
Para provar, então, quem melhor aconselhou,
Pois pensei melhor colocá-lo à prova.

Pensei ainda que, se o negasse de fato
Seguramente, aplaudiriam tal ato,
Não sei, mas lhes ocultaria se pudesse
O que para eles, certamente, seria grande deleite.

Aos contrários ao seu lançamento
Disse-lhes: "Ofendê-los, não é o meu intento."
Sei que seus irmãos anseiam,
Evitem as críticas, até que o vejam.

Ao que não quer ler, sinta-se livre.
Uns amam a carne, outros o osso vão apreciar.
Sim, que eu possa melhor lhes acalmar,
E com eles fui argumentar:

Não devo escrever esta alegoria? [4]
E com tal método, também, ainda não perca
Meu final e teu bem? Por que não ousar?
Nuvens escuras trazem águas, enquanto as brilhantes nada trazem.

---

4. Uma alegoria é meramente um artifício para "capturar" sua atenção.

Sim, escuras ou brilhantes, se delas, suas pratas caem
Descem do Céu, a terra, nutrindo a colheita,
Agradeça aos dois, sem reclamação,
Valorize os frutos que juntos produzem;
Sim, pois ela assim mistura seu fruto
Ninguém pode distinguir isto daquilo:
Faminta, ela sacia-se com o lhe provêm; mas se estiver farta,
Ela vomita a ambos, e anula suas bênçãos.

Veja as maneiras do pescador
Para pescar; que instrumento utiliza! [5]
Observe como lança mão de toda inteligência;
Suas armadilhas, linhas, anzóis, ganchos e redes;
Há peixes que nem ganchos, nem linhas,
Nem armadilhas, nem redes, nem instrumentos podem pegar:
Tais peixes só com o tato são encontrados.
Se não for assim, não serão capturados,
Independentemente do que você fizer.

E como planeja o passarinheiro a ave capturar;
Existem tantas maneiras! tantas que nem podemos mencionar:
Suas armas, suas redes, suas arapucas,[6] *luz, e sino;*
Rasteja, avança, levanta; sim,
Quem pode falar de toda a sua postura?

---

5. Agora ele defende seu estilo de escrita apresentando vários argumentos. (1) Nuvens escuras trazem chuva e fertilidade na natureza. (2) Os pescadores e caçadores usam "isca" para capturar sua presa, e isso era o que devia fazer para cativar o interesse do leitor. (3) A natureza coloca joias em lugares improváveis, e existem joias em seu livro. (4) Outros escritores usaram a mesma abordagem, incluindo os escritores da Bíblia que apresentaram tipos, símbolos e metáforas. (5) A vida em si, com frequência, traz luz para fora da escuridão.
6. Os galhos que foram manchados por uma substância usada para capturar pássaros mais facilmente.

Pois nenhum deles o fará senhor dessas aves ser.
E deve assobiar, pipilar para pegar esta;
Mas se o faz, esse pássaro ele perderá.
Se uma pérola no papo do sapo pode habitar,[7]
E pode ser encontrada na concha da ostra;
Se coisas que nada prometem contêm
Melhor coisa que ouro; quem desdenhará
Àquele que tem um palpite completo,
Que algo encontrará? Pois a meu pequeno livro,
(Mesmo sem ilustrações que farão
Um e outro homem ao tomá-lo na mão)
Não lhe faltam as coisas mais excelentes
Que se achará em ideias ousadas, mas ausentes.

"Bem, ainda não estou plenamente convencido
De que este seu livro será distribuído e lido."
Qual o problema? "É sombrio."[8] *E daí?*
"Mas parece inventado."[9] *Pois bem sei que por aí*
Alguns forjam versos como tais, sombrios,
Faça a verdade reluzir e resplandecer seus raios.
Mas querem consistência. Diga o que pensa.
"Afogam os fracos; nos cegam as metáforas."[10]

---

7. Uma antiga superstição dizia que havia uma joia escondida na boca do sapo; ou seja, há beleza entre a feiura. Shakespeare menciona isso em *As You Like It* (Como você gosta): "Ele, como um sapo, feio e venenoso, usa uma joia preciosa em sua cabeça." Ele estava equivocado em ambos os casos, pois sapos não usam joias, nem são venenosos.
8. Difícil para entender. Veja Provérbios 1:6.
9. Inventado, imaginário.
10. Um tipo de linguagem figurativa que usa uma ideia para sugerir outra. O propósito é transmitir uma ideia mais ampla usando tal comparação. Efésios 4:14 é um exemplo. Uma alegoria é, na verdade, uma metáfora ampliada.

Solidez, de fato, torna à pena
Do que escreve coisas divinas para os homens;
Mas será que devo buscar, procurar solidez,
Por que falo em metáforas com lucidez?
Não eram as leis de Deus e Seu evangelho outrora
Expostos por símbolos, sombras e metáforas? Relutante
Algum homem sóbrio estará em falta com eles
Devido ao medo que o assaltaria

A sabedoria celestial. Antes, se humilha
E, procura descobrir, por pinos e laços,
Ovelhas e novilhos, bordados e braseiros,
Pássaros e ervas, e pelo sangue de cordeiros,
O que Deus lhe falou; e feliz é aquele
Que encontra luz e graça nessas coisas.

Não se apresse em concluir,
Que careço de solidez, sou rude;[11]
Nem tudo que parece sólido, é;
Nem tudo nas parábolas deve ser desprezado,
Aceitamos levianamente o que é doloroso,
E coisas que são boas, privamos da nossa alma.
Minhas palavras tristes e sombrias a verdade retêm,
Assim como cofres que o ouro contêm.

As metáforas os profetas empregaram
E toda a verdade ao mundo anunciaram; sim, aqueles que consideram
Cristo, seus apóstolos também, compreenderam claramente que
Essas verdades para estes dias em tais vestes estão.

---

11. Falta de verdades e doutrinas sólidas.

Temo em dizer que essa santa citação,
Com seu estilo, destrona[12] a inteligência,

Todo lugar está cheio de todas estas coisas —
Figuras escuras, alegorias, fluem desse mesmo livro: brilho e
esplendor
De luz, que transforma nossas noites mais escuras em dias.

Vem, que meu crítico examine agora o seu viver,[13]
E lá encontre linhas mais escuras que em meu livro
Encontra alguma; sim, e que ele saiba,
Que em suas melhores linhas há também outras piores.

Que nos ergamos diante de homens imparciais;
E contra um ouso apostar dez,
Que eles compreendam meu significado nestas linhas,
Melhor que as suas mentiras que em relicários de prata.
Vem, verdade, mesmo que eu a encontre envolta em faixas,[14]
Comunica o juízo, restaura a mente;
Acalenta o entendimento, subjuga a vontade;
Também a lembrança preenche e ensina,
Com aquilo que deleita nossa imaginação;
Da mesma forma, ela tende a acalmar nossas preocupações.

Sei que Timóteo usará sensatas palavras,[15]
E recusará a fábula supersticiosa da idosa.[16]

---

12. Lucas 1:52.
13. O "censurador" é aquele que encontra falha em si mesmo censurando-se.
14. Fraldas, como as que os bebês usam. Você não rejeita um bebê porque suas vestimentas são simples.
15. 2 Timóteo 1:13.
16. Estas eram superstições que somente senhoras idosas e ignorantes aceitariam. Veja 1 Timóteo 4:7.

Mas Paulo, sóbrio, não lhe proíbe jamais
O uso de parábolas, pois ocultará nelas

Esse ouro, essas pérolas e pedras preciosas,
Que, tanto valeu escavar, e com mãos ciosas.

Permita-me adicionar mais uma palavra, ó homem de Deus!
Está acaso ofendido? Deseja que exprima eu
Esses assuntos com roupagens distintas,
Ou prefere que seja mais explícito nessas coisas?
Três coisas proponho,[17] depois as submeto
Aos que me são melhores, como convém.

1. Não me foi negado usar este recurso,
Deste meu método, assim não abuso
Leitores, revistam-se de palavras, coisas; ou sejam rudes
No uso de figuração ou similitude;
Na aplicação; mas, tudo quanto eu puder,
Buscar o avanço da verdade, de qualquer maneira.
Negado, disse eu? Não, o direito eu tenho
(Exemplo, também, daqueles que melhor
Agradaram a Deus, por suas palavras ou atos
Do que qualquer homem que ainda hoje respire).
De assim me expressar, para declarar
Coisas que são mais excelentes.

2. Creio eu que os homens (altos como as árvores)
Arriscarão escrever diálogos sábios;

---

17. Três coisas: (1) Deus não me proíbe usar este tipo de abordagem desde que fale a verdade. (2) Se Deus me guiou desta forma, vamos aceitar Sua liderança e "permitir que a verdade seja livre". (3) A Bíblia usa esta abordagem, e estou disposto a falar a verdade bíblica.

E ninguém os despreza por assim escrever: de fato,
Se violentarem a verdade, serão amaldiçoados, e
Suas habilidades também.

Com esse propósito; mas ainda que a verdade seja livre
Para atacar a você e a mim,
Da maneira que Deus quiser; pois quem é que sabe,
Melhor do que Ele que primeiro nos ensinou a arar,

Guiar nossa mente e tinta para seu intento?
Por ele o vil anuncia o divino elemento.

3. Encontro essa santa citação em muitos lugares
Que se assemelham com este método, onde as causas
Clamam por uma coisa a expor a outra a reboque;
Usá-la posso, então, que nada sufoque
Os fachos dourados da verdade: sim, mas este método pode
Espalhar seus raios tão cintilantes quanto o dia.

E agora, antes de suspender minha caneta,
Mostrarei o valor do meu livro, e em seguida
Confiarei, o livro e você, àquela Mão
Que prostra o valente e ergue o fraco.

Este livro perante seus olhos traceja[18]
O homem que almeja o prêmio perene;[19]
Ele indica de onde vem, e para onde vai;
O que deixa por fazer e o que faz também;

---

18. Demarca, traça um caminho a seguir.
19. Filipenses 3:14.

Ainda demonstra como corre, vivaz,
Até chegar ao portão da glória.

Mostra ainda quem se lançou esbaforido à vida[20]
Para alcançar a imperecível coroa;
Aqui você também pode ver o motivo
De perderem seu trabalho, e como tolos morrerem.

Este livro fará de você um viajante do Senhor,[21]
Se por seus conselhos você se guiar;
E o levará à Terra Santa,
Se você compreender suas orientações:
Sim, tornará os inertes ativos;
E aos cegos fará ver prodígios.

Você busca algo raro e proveitoso?
Encontraria verdade numa fábula?
Você é esquecido ou se lembraria
Do primeiro dia do ano novo ao último dia de dezembro?
Pois leia minhas fantasias; que feito flecha penetram,[22]
E podem confortar o desesperado.

A linguagem deste livro é tal,
Que pode abalar a mente dos indiferentes:
Parece uma novidade, no entanto contém
Apenas a força do evangelho, sincero e são.

---

20. Iniciar repentinamente, com grande energia. Várias pessoas descritas em *O Peregrino* recomeçaram várias vezes, mas não alcançaram o Céu.
21. Este livro poderá converter o leitor tornando-o um peregrino a caminho da Cidade Santa. O objetivo de Bunyan não foi entreter, mas evangelizar.
22. Ao utilizar as figuras de retórica em seu livro, ele nos ajuda a lembrar o que disse. Podemos esquecer facilmente sermões e palestras, mas as histórias grudam na mente, como carrapatos.

Quer livrar-se da melancolia?
Quer prazer, mas distância da insensatez?
Quer descobrir enigmas e sua solução?
Ou prefere se afogar em divina contemplação?
Quer a carne? Ou prefere ver um homem nas nuvens,
ouvindo-o falar?
Anseia viver um sonho, sem o sono alcançar?
Ou não prefere, a um só tempo, rir e chorar?

Não o atrai a si mesmo se perder sem dano?
Encontrar-se novamente sem encanto?
Quer mesmo ler, sem sequer saber o quê, e
Saber se é ou não abençoado por elas,
Pela leitura das mesmas linhas?
Ah, venha, então, mais perto, e
Abra meu livro, uma só mente, um só coração.[23]

---

23. Bunyan acreditou na vida cristã equilibrada, com mente e emoções envolvidas. A verdade deve iluminar a mente, mexer com as emoções e motivar a vontade. Os puritanos não acreditavam no emocionalismo vazio, eles queriam tanto a luz quanto o calor.

A VIDA E A ÉPOCA DE JOHN BUNYAN

"Minha linhagem foi de uma geração menor e insignificante, a casa do meu pai era daquelas mais pobres e desprezadas de todas as famílias da terra."

Assim escreveu acerca de si mesmo John Bunyan, pregador puritano e autor de *O Peregrino*, o mais popular clássico cristão escrito no idioma inglês.

Bunyan nasceu em novembro de 1628 em Harrowden, Bedfordshire, na Inglaterra, e foi batizado numa paróquia em Elstow, no final daquele mês. Sua família morava em Elstow, um vilarejo situado acerca de dois quilômetros a sudoeste de Bedford. Seu pai foi um caldeireiro, ou funileiro, que viajava pelas cidades consertando frigideiras e panelas.

A infância de Bunyan foi turbulenta. Por alguma razão, foi atormentado por pesadelos e pensamentos blasfemos. Nos anos seguintes ele interpretou essas experiências como a obra de Deus para trazê-lo ao conhecimento salvífico de Jesus Cristo. Ele frequentou a escola local para crianças carentes, mas os estudos foram interrompidos para que pudesse ajudar o pai a prover o sustento da família.

Apesar da vida difícil, ele desfrutava de pequenos prazeres. Como muitos jovens de sua época, Bunyan gostava de participar de diversos jogos em sua vizinhança; de dançar e também apreciava música. Com relação à sua leitura de livros, podemos citar a Bíblia ou *O Livro dos Mártires*, de John Foxe.

O ano de 1644 foi crítico para ele. Sua mãe faleceu em junho e um mês depois sua querida irmã também morreu. Em agosto, seu pai casou-se novamente, um acontecimento muito doloroso para o jovem Bunyan. Em novembro, quando completou 16 anos, Bunyan entrou para o exército a fim de lutar na Guerra Civil que teve início em agosto de 1642. Provavelmente, sentiu-se feliz por sair de casa. Não está claro se Bunyan lutou com os monarquistas ou com o exército parlamentar, mas provavelmente foi pelo último. Muitas imagens militares em seus livros, foram colhidas durante seus três anos no exército.

Um incidente interessante em sua carreira militar lhe causou grande impressão. No cerco de Leicester, um amigo pediu permissão para trocar de posição com Bunyan; durante a batalha, aquele jovem foi atingido na cabeça e morreu. Bunyan experimentou vários livramentos na infância, mas este acontecimento o convenceu de que Deus tinha um propósito especial para ele cumprir, embora ainda não fosse cristão.

Ao voltar para Elstow, Bunyan trabalhou como funileiro e prosseguiu em sua vida de pecado. "Eu tinha alguns parceiros que amaldiçoavam, juravam, mentiam e blasfemavam o santo Nome de Deus", escreveu posteriormente. Não há qualquer evidência de que ele era alcoólatra ou imoral, apesar de ter descrito esses anos como muito sombrios.

Bunyan casou-se em 1649. Sua esposa era tão pobre quanto ele, mas de família cristã. Ela trouxera consigo dois livros religiosos: *The Plain Man's Pathway to Heaven* (A Jornada do homem comum ao Céu) de Arthur Dent e *The Practice of Piety* (A prática da piedade) de Lewis Bayly. "Algumas vezes lia estes livros com ela", Bunyan escreveu, "mas apesar disto, não me tornei um convertido" . Entretanto, ele procurava uma reforma em sua vida, por isso, começou a frequentar a igreja de Bedford, da qual John Gifford era o pastor.

Nos três anos seguintes, Bunyan lutou contra o pecado e com Deus. Ele queria escapar do inferno, mas gostava de seus pecados e encontrava dificuldade em abandoná-los. Certo domingo, quando jogava *tipcat*[1] , "ouviu" uma voz interior que lhe dizia: "Queres deixar os pecados e ir para o Céu? Ou preferes continuar pecando e ir

---

1. Nota do Tradutor: "Tipcat" era um jogo antigo em que se usava uma espécie de taco para lançar um pequeno pedaço de madeira, o qual era rebatido por outro jogador.

para o inferno?" Ele ficou momentaneamente surpreso, mas decidiu continuar jogando. Afinal de contas, se fosse mesmo para o inferno, poderia ainda desfrutar das melhores coisas do mundo!

Certo dia, enquanto trabalhava em Bedford, viu um grupo de senhoras pobres sentadas ao sol, conversando. Curioso para saber sobre o que conversavam, aproximou-se para descobrir. "Ouvi, mas não entendi", confessou mais tarde, "elas estavam longe do meu alcance. Elas conversavam sobre algo como um novo nascimento, a obra de Deus no coração e como tinham se convertido de seu miserável estado."

Ao escutar o que diziam, uma profunda convicção apossou-se de seu coração, e passou a lutar desesperadamente para agradar a Deus. Interessou-se pela igreja e teve respeito pelos ministros; pelo vestuário diferente e pelos cultos, com um temor quase supersticioso. "Seu Nome, Seus Trajes e Sua Obra eram tão intoxicantes e encantadores", escreveu. As pessoas notaram essa transformação radical e se perguntavam quanto tempo ela duraria. Certo dia, o pastor pregou sobre guardar o sábado, um duro golpe à nova autoimagem de Bunyan, e esse foi o fim de sua transformação pessoal até então. Ele voltou à cidade e aos seus jogos favoritos, e ao mesmo tempo tentava calar a voz interior.

Certo dia, estava frente à vitrine de uma loja do vizinho "xingando e praguejando como costumava fazer" quando a dona da casa repreendeu-o abertamente. O fato de essa senhora não ter a reputação muito lisonjeira fez que as palavras dela atormentassem sua consciência. Novamente, ele resolveu melhorar, e foi bem-sucedido por um tempo. "Estava orgulhoso de minha santidade", escreveu, mas não sentia paz ou alegria no coração. Quanto mais tentava uma reforma exterior mais miserável se sentia interiormente. É claro que, muitas dessas experiências repercutiram no caminho, de uma forma ou outra, dentro de *O Peregrino*.

Deus usou o ministério e a amizade que ele desenvolveu com o pastor John Gifford para trazê-lo ao lugar de segurança como Seu filho. Bunyan foi batizado por Gifford em 1653, tornando-se membro da igreja de Bedford. "A conversão a Deus não é tão fácil e suave como alguns homens gostariam de acreditar", escreveu. Tudo o que foi descrito em *O Peregrino*, confirma esse fato.

Em 1654 ou 1655, a família de Bunyan (nessa época ele tinha dois filhos e duas filhas) mudou-se para Bedford, e ele tornou-se mais ativo na igreja. No entanto, 1655 foi outro ano crítico para ele: sua esposa e o pastor Gifford morreram. Naquele mesmo ano, os membros da igreja o incentivaram a começar a pregar, e em pouco tempo foi reconhecido que a mão de Deus estava sobre este simples funileiro. Em 1656, Bunyan publicou seu primeiro livro, *Some Gospel Truths Opened* (Desvendando algumas verdades do evangelho). Foi o primeiro de 60 livros publicados, contudo o mais famoso foi *O Peregrino*.

Em maio de 1660, a Comunidade Britânica teve seu fim e o rei Charles II reassumiu o trono. A princípio, o rei deu evidências de que cooperaria com todas as religiões na Inglaterra; mas em pouco tempo sua política mudou e ele começou a agir contra as igrejas independentes, favorecendo a igreja estabelecida. Em 12 de novembro de 1660, Bunyan foi pregar numa cidade distante acerca de 20 quilômetros de Bedford. Ele foi alertado de que corria o risco de ser preso, e no dia seguinte realmente o foi, — preso e colocado na cadeia da cidade. A despeito da súplica da esposa (ele havia se casado novamente) e dos amigos, permaneceu preso por 12 anos.

Bunyan não se tornou um prisioneiro abandonado na masmorra, pois ele teve certa liberdade e, ocasionalmente, recebia permissão para visitar sua família. Durante sua permanência na prisão, estudou a Bíblia, escreveu livros, tentou ministrar aos outros prisioneiros e trabalhou com tecidos, os quais vendia para sustentar a família. Ele escreveu 11 livros durante esse período, incluindo o autobiográfico, *Graça abundante* (Ed. Fiel, 2006).

Em 1670, a igreja de Bedford o convidou para ser o seu pastor, e ao ser libertado da prisão em 1672, este chamado foi confirmado. Em 9 de maio de 1672, Bunyan recebeu licença para pregar. Em 13 de setembro foi oficialmente perdoado.

No entanto, em 1675, a Declaração de Indulgência foi revogada, e Bunyan voltou à prisão por seis meses. Provavelmente finalizou *O Peregrino* durante essa época. O livro recebeu a permissão de publicação em 18 de fevereiro de 1678. Nathaniel Ponder, de Londres, foi o editor, e o livro teve sucesso imediato, com três edições seguidas no primeiro ano.

Finalmente, ao sair da cadeia, Bunyan continuou com as pregações e o ministério pastoral, e as bênçãos divinas sobre ele pairavam de maneira peculiar. Ele atraía multidões onde pregava, (e assim como acontecia com o seu Senhor) o povo comum o ouvia com alegria. Em agosto de 1688, ao viajar a cavalo para Londres, enfrentou uma tempestade e adoeceu. Ele pregou seu último sermão em 19 de agosto, e morreu no dia 31 do mesmo mês. John Bunyan foi sepultado em Bunhill Fields, um cemitério para dissidentes, localizado em frente à Capela de Wesley na cidade de City Road, Londres.

OS PURITANOS

É lamentável que hoje o termo "puritano" evoque a imagem de um homem severo com um chapéu preto, um indivíduo sem senso de humor, e que anda ao redor impedindo que as pessoas se divirtam. Muito pelo contrário, os puritanos eram exatamente o oposto. Com certeza eram um povo disciplinado, mas sabiam que sua disciplina lhes permitia desfrutar as bênçãos de Deus. Eles se deliciavam com as alegrias simples da vida, especialmente em casa, com seus filhos. Trabalhavam arduamente "fazendo tudo para a glória de Deus", e acreditavam em aproveitar as oportunidades para prover para si e para os outros menos afortunados.

A história do Puritanismo entrelaça-se à história política e religiosa inglesa.

Em 1534, Henrique VIII separou a igreja inglesa da autoridade papal. Nenhuma mudança importante foi feita na doutrina, exceto nos pontos relacionados à supremacia papal. Quando o rei morreu, em 1547, seu herdeiro Edward VI tinha apenas 10 anos, e o governo foi controlado pelo "Conselho Regencial". Edward e seus associados eram muito protestantes e trouxeram reformas eclesiásticas que fortaleceram a posição protestante.

Em 1553, ano da morte de Edward, sua meia-irmã Maria Tudor foi coroada rainha. Católica devota, procurou restaurar "a verdadeira fé" em seu reino, e perseguiu os protestantes. Sob sua autoridade Latimer e Ridley foram queimados na fogueira. Em 1558, a rainha Maria morreu, e a rainha Elizabeth I subiu ao trono. Em 1559, o Parlamento aprovou duas leis que estabeleceram permanentemente o caráter protestante da igreja inglesa: o *Ato de Supremacia* tornava o monarca reinante a autoridade suprema da igreja; e o *Ato de Uniformidade* definia o culto e as doutrinas da igreja. Em 1562 uma Convenção da Igreja da Inglaterra aceitou os Trinta e Nove Artigos da Religião como a confissão doutrinária oficial da Igreja da Inglaterra. Para a maioria, a rainha Elizabeth foi tolerante com os católicos romanos, mas enfrentou sérios problemas com certos protestantes influenciados pelos reformadores no continente. Estes homens, muitos dos quais eram devotos eruditos, queriam ver a igreja livre dos elementos católicos romanos que ainda eram evidentes, sobretudo na liturgia. Em 1563, o nome "puritano" já era vinculado a esta escola de pensamento e o termo reconhecidamente sofreu reprovação.

Em 1556, Matthew Parker, Arcebispo de Canterbury, publicou "O Livro dos Anúncios", exigindo que todos os clérigos seguissem um padrão em suas vestimentas. Obviamente, os puritanos se opuseram a esta regra e pediram novamente a purificação da igreja. Alguns puritanos impacientes se desligaram da igreja, tornando-se conhecidos como "separatistas". Alguns imigraram para a Holanda e outros para o Novo Mundo.

Quando a rainha Elizabeth morreu, em 1603, o Conselho Privado nomeou James VI da Escócia como o novo monarca. Nós o conhecemos como James I da Inglaterra, o homem que autorizou a versão bíblica King James. Durante seu reinado na Escócia, o rei teve problemas com os presbiterianos e suas doutrinas calvinistas. James levou consigo seus preconceitos para a Inglaterra e os transferiu para os puritanos.

Assim que James I ascendeu ao trono, ele recebeu uma petição puritana assinada por mil clérigos, pedindo novas reformas na igreja. Em resposta, James convocou a Conferência de Hampton Court, em que os puritanos e os bispos da Igreja Inglesa se confrontariam. É lamentável que James tenha confundido puritanos com presbiterianos, pois teólogos puritanos não tinham nenhum desejo de mudar a igreja estatal. Eles queriam que o rei pensasse nas reformas da igreja, principalmente na liturgia. Mas James não estava disposto a fazer qualquer alteração. Sua resposta foi: "Nenhum bispo, nenhum rei!"

A formação da congregação de puritanos na cidade de Scrooby Manor foi um dos resultados da conferência. Muitos emigraram para a América no Mayflower em 1620. Outro resultado foi a autorização de uma nova tradução da Bíblia, que hoje conhecemos como a versão King James.

Os puritanos não eram uma denominação, nem tinham qualquer desejo de dividir ou destruir a Igreja da Inglaterra. Os laços que os uniam eram doutrinários, não políticos. A única autoridade espiritual que reconheciam era a Bíblia, a Palavra de Deus. Eles enfatizavam a pregação e a leitura da Bíblia, não só nas igrejas, mas também em suas famílias. Eles acreditavam em um clero instruído, pastores capazes de expor as Escrituras, desejavam ganhar os perdidos, além de disciplinar os membros da igreja e, por fim, ser exemplos pessoais ao rebanho.

Os puritanos eram basicamente calvinistas em sua doutrina, seguindo os ensinamentos do reformador de Genebra, João Calvino (1509-64). Eles acreditavam na predestinação pelo Pai e na redenção por meio da fé em Jesus Cristo. Eles viam a obra do Espírito Santo que convencia os pecadores, dando-lhes nova vida quando confiavam em Cristo, selando os convertidos e capacitando-os para a vida e serviço. Os puritanos acreditavam numa experiência de conversão individual. Não era suficiente ser batizado quando criança, ser membro da igreja e, quando adulto, receber um determinado conjunto de doutrinas.

Os puritanos olhavam para sua amada Inglaterra como "a nação aliança" de Deus. Se as pessoas simplesmente se arrependessem dos pecados e confiassem em Cristo, Deus faria pela Inglaterra o que Ele tinha feito por Israel: derrotaria seus inimigos, estabeleceria o Seu reino, e abençoaria Seu povo. Deus era seu rei e sua lealdade suprema era para Ele.

Em 1625, quando Charles I subiu ao trono, três anos antes do nascimento de John Bunyan, os puritanos solicitaram novamente a reforma da liturgia e do clero, mas sem sucesso. Charles atacou os puritanos, aplicando-lhes pesadas multas, punição física (ele cortou as orelhas de seus líderes) e sentenciando-os à prisão. Quando William Laud tornou-se Arcebispo de Canterbury em 1633, as pressões contra os puritanos cresceram ainda mais, enquanto ele procurava criar uma igreja uniforme.

Nesse tempo, o rei Charles entrou em conflito com o Parlamento; pois precisava desesperadamente de dinheiro, e os membros do Parlamento decidiram não lhe conceder. Como resultado, a nação polarizou: as pessoas eram a favor ou contra o rei.

Essa polarização inevitavelmente levou à guerra civil (1642-46). Charles e seu exército foram derrotados. Oliver Cromwell emergiu como o líder das forças antimonárquicas. Charles foi decapitado em 30 de janeiro de 1649, e Cromwell foi nomeado Lorde Protetor da Comunidade das Nações. (É interessante notar que os puritanos não apresentaram uma frente unida contra o rei, alguns deles lutaram ao lado de monarquistas).

Durante os anos de liderança de Cromwell, a posição da Inglaterra na Europa cresceu consideravelmente. Ele foi tolerante para com os judeus e os quacres e procurou fazer da Inglaterra um lugar em que a Palavra de Deus era fielmente pregada por homens de Deus. Mas essa situação não perdurou. Cromwell morreu no dia 3 de setembro de 1658, e seu filho Richard foi nomeado Lorde Protetor. Infelizmente, Richard não tinha o carisma e o prestígio de seu ilustre pai, e o Parlamento pediu sua renúncia. Um governo militar assumiu o comando, e as forças foram postas em movimento para trazer o exilado Charles II de volta para casa.

Charles II foi proclamado rei em 8 de maio de 1660. A monarquia foi restaurada, mas os puritanos não enxergavam nela algo que lhes desse qualquer encorajamento espiritual. Apesar de suas promessas iniciais para dar liberdade de consciência aos seus súditos, Charles II logo tomou medidas para fortalecer a igreja do Estado. O Ato de Uniformidade (19 de maio de 1662) exigia que todos os clérigos aceitassem o Livro de Oração Comum e jurassem obediência ao rei como líder da Igreja. Era também necessária a reordenação dos clérigos que não tinham sido ordenados pela igreja estabelecida. Mais de dois mil pastores conscienciosos recusaram as novas regras e foram expulsos de suas igrejas. (A partir de então, foram chamados de "dissidentes"). Charles II morreu no dia 6 de fevereiro de 1685, e seu irmão católico romano James II assumiu o trono. James procurou fazer o que Maria Tudor falhara em fazer, ou seja, restaurar a fé católica romana no reino e autorizou muitas prisões. Foi nessa época que o infame juiz Jeffreys, no poder, prendeu cristãos devotos, até ilegalmente, e aplicou-lhes sentenças terríveis.

Por volta de junho de 1688 o povo estava pronto para uma mudança. William de Orange, da Holanda, que era casado com a filha de James II, foi convidado para "trazer mais um exército e garantir liberdades infringidas". Em 1689, William e Mary foram coroados monarcas, e nesse mesmo ano o Ato de Tolerância deu liberdade religiosa a todos os grupos, com exceção dos católicos romanos e os unitarianos. Para a maior parte, os Dissidentes, agora estavam livres para ministrar a Palavra de Deus, sem medo de perseguição.

A teologia e o espírito puritano de disciplina e devoção ainda enriquecem a igreja. Os Estados Unidos em particular, devem muito aos puritanos que fundaram aquela nação. Os princípios que aprendemos com os puritanos são: a dignidade do trabalho honesto, a santidade do lar, o viver para a glória de Deus (não fazendo distinção entre "secular" e "sagrado"), o honrar a Bíblia como a Palavra de Deus, o desejo de ver os líderes da nação tementes a Deus e obedecer a Sua lei.